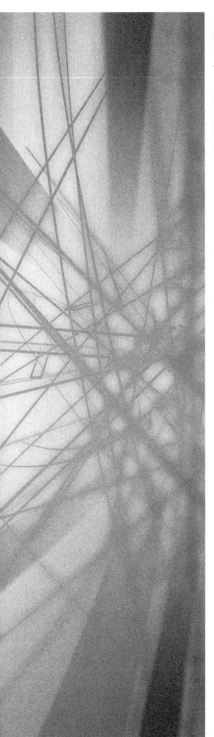

谷田信一
Shinichi Tanida

西口利文
Toshifumi Nishiguchi

定金浩一
Koichi Sadakane

塩見剛一
Koichi Shiomi

編

Active Learning by Exploring Issues for Teachers

教職のための
課題探究による
アクティブ
ラーニング

ナカニシヤ出版

はじめに

　本書は，教職課程を履修する学生諸君に，生徒指導，教科指導，教育課程編成など，学校教育に必要なさまざまな分野について，学生諸君自身が考えたり議論したりするアクティブラーニングを促す作業を盛り込みつつ，自然のうちに，学生諸君自身にもアクティブラーニング型授業を自らも構成・実践する能力の下地を身につけていってもらいたい，という意図のもとに編集された教職課程入門書である。

　さて，本書を手にしているあなたは，いったい，どういう目的で教師になりたいと考えて教職課程を履修しているのであろうか。それは，生徒たちを「人間」として成長させていくためではないだろうか。しかし，そのためには，まず，あなた自身が「人間」として，その役目を果たせるように自分を磨いておかねばならないのである。

　すでに，ドイツの哲学者カントは『教育学』（カント，2001〔原著：1803〕）において，教育を，三つの領域に分けて考えた。「開知化」（Kultivierung），「社交化」（Zivilisierung），「道徳化」（Moralisierung）である。これは，現代の教育学者であるガート・ビースタ（2016）が『よい教育とはなにか──倫理・政治・民主主義』〔原著：2011〕で「有能化」（qualification），「社会化」（socialization），「主体化」（subjectification）に分類しているのと，ほぼ重なっている。このうち，「開知化」「有能化」とは，教科内容についての教育（つまり，知識や技能を習得させること）であり，「社交化」「社会化」とは，社会のエチケットや規律に従うような外的習慣を身につけさせることである。これらは，学力テスト結果や犯罪統計などのような数字として表しやすい。そして，もちろん，そういう数字を教育改善の参考にすることは意味のないことではない。中央教育審議会や文部科学省の教育改革は，主として，そういう数字資料に基づいて行われてきているといえる。

　しかしながら，教育の本来の原点かつ究極目的は，カントやビースタが最後にあげている「道徳化」「主体化」にある。なぜなら，ここにおいてこそ，教育された者が自由な主体として行動するからであり，ここでの決定は個々に内面的であり，統計的な数字で処理できる領域を超えているからである。とはいえ，ここでの決定も決して孤立的に行われるわけではない。むしろ，「有能化」や「社会化」で培った資質を基盤としつつ，他者との複数性というつながりを介して，「主体化」はようやく成立していくのである。「人間」としての行為は他者との関係性という意味での「世界」への協同的参入なのである。そしてその際，教師が，「有能化」や「社会化」を超えた「主体化」の地点で教え子の道徳的行為に影響を与えることもありうる。ヘルマン・ノールが「教育的関係」を「被教育者にたいする教育者の情熱的関係」と特徴づけたように，教師が生徒一人ひとりに向き合って対話をいとわない姿勢でいれば，そうした「飛躍」も起こりうるのである。

　遠くはるか向こうにそのような「教育」という実践的な仕事の全体性，独自性を見据えながら，学生諸君が，本書の各章を手がかりとして教育をさまざまな側面から考えることを学び，教師への道を一歩ずつ進んでいってくれることを願うものである。

　最後に，本書の出版に際して，ナカニシヤ出版の米谷龍幸氏と面髙悠氏には，企画の段階より多大なる支援をいただきました。心より御礼申し上げます。

著者を代表して
谷田信一

本書の活用のしかた

　本書は，主として教職を志望する大学生を念頭に置いて作成したテキストである。テキストの中には複数からなる「課題」を用意している。その各課題を軸に，関連資料およびワークシート欄を合計4ページになるように構成している。

　本書の活用のしかたは，大きく四つの段階からなる。第一段階として，読者は，まず各課題と向き合い，その探究のために自らの回答などをまとめることから始めていただきたい。回答などをまとめる欄は，各課題の1ページ目の第1節に，「検討（ワークシート）」として用意している。その際，関連資料については，まったく参照をしないか，あるいは課題として要求されていることを大掴みするために最小限に参照するぐらいが望ましい。課題を解決する上で当初もっている知識や理解があまり十分ではないことを読者自身が意識することで，その後の学びの深まりが見込めるからである。

　第二段階は，ともに教職を目指して学ぶ仲間が身近にいれば，共有された課題に対して，いかなる意見をもっているかについて確認しあうことである。これらの意見については，上述の自らの回答などをまとめる際に使用する「検討（ワークシート）」の下部に記入欄をもうけている。その上で，もし自分の回答と異なるような意見が仲間から出てきた場合は，ぜひともディスカッションを行うとよいだろう。その際，特に相互の回答が示された理由に着目すると，それぞれの意見のもつ意義がより鮮明になり，さらに深い考えが導かれることも期待できる。

　第三段階では，各課題の第2節および第3節として示した「関連資料」ならびに「課題の解説」（または「指導の留意点」）に，あらためてしっかりと目を通していただくとよいだろう。第二段階での仲間からの意見とともに，ここで参照するテキストの記事や参考資料は，自身が第一段階の時点でもっていた知識や理解はもとより，その際の回答に導いたものの見方や考え方を，さらに深めることに資するであろう。

　最後の第四段階では，最初の課題に再度個人で向き合っていただきたい。課題にまつわる一連の資料が記されたあとの最後のページに，第4節として「再検討（ワークシート）」のための欄を用意している。ここに最終的な回答などをまとめていただきたい。

　こうした手続きは，課題にまつわる読者の知識や理解のみならず，主体的に深い思考力を育み，またともに学ぶ仲間との関わりが伴うことで対話による協同的な問題解決能力などを養うことへとつながるだろう。読者のこうした学びの過程を，大学の教職課程の授業で支えていけるならば，いわゆるアクティブラーニング型の授業に繋がっていくことであろう。

　なお，本書で扱った課題は，実際に教員になった際にも向き合うことになりうる課題でもある。それまでに繰り返し取り組むことも有意義であろう。巻末にはワークシートの予備のページを設けている。適宜当該ページをコピーして使用いただきたい。教職志望者である読者にとって，本書と関わることが，教壇に立つ前の段階で，少しでも実践的な指導力に繋がる力を養うことになり，その力が少しでも教員としての活躍へと繋がっていくことを願っている。

　　　　本書のワークシートの回答例の入手方法については本書奥付をご確認ください。

目　次

はじめに　*i*
本書の活用のしかた　*ii*

第 1 部　資質能力の向上と服務

課題 1　教員に必要な資質能力　2
課題 2　教員の研修　6
課題 3　教員の服務　10

第 2 部　社会性と対人関係能力

課題 4　保護者への対応　16
課題 5　地域との連携による生涯学習　20
課題 6　学校安全への対応　24
課題 7　情報管理に関する対応　28

第 3 部　子どもの理解と学級経営

課題 8　生徒個人の心身の問題への対応　34
課題 9　生徒指導における教員の言語表現　38
課題 10　いじめについての対応　42
課題 11　特別の支援を必要とする生徒に対する教育　46
課題 12　進路指導の理論および方法　50
課題 13　人権教育に基づく学級経営　54

第 4 部　学習指導の方法

課題 14　国語科教育法　　*60*
課題 15　数学科教育法　　*64*
課題 16　英語科教育法　　*68*
課題 17　理科教育法　　*72*
課題 18　社会科（地理的分野）教育法　　*76*
課題 19　社会科（公民的分野）教育法　　*80*
課題 20　公民科（倫理）教育法　　*84*
課題 21　公民科（政治・経済）教育法　　*88*
課題 22　美術科教育法　　*92*
課題 23　工業科教育法　　*96*
課題 24　商業科教育法　　*100*
課題 25　情報科教育法　　*104*
課題 26　保健体育科（体育実技）教育法　　*108*
課題 27　保健体育科（保健分野）教育法　　*112*
課題 28　道徳教育の理論および指導法　　*116*
課題 29　総合的な学習の時間の指導法　　*120*
課題 30　特別活動の指導法　　*124*
課題 31　ICT（情報通信技術）機器の活用　　*128*

第 5 部　教育の制度と課程

課題 32　学校の社会的・制度的特徴　　*134*
課題 33　学校経営　　*138*
課題 34　教員の採用および昇任　　*142*
課題 35　教育評価　　*146*
課題 36　教育課程の意義および編成の方法　　*150*

付　　録　　*154*
引用・参考文献　　*157*
事項索引　　*164*
人名索引　　*165*

第1部
資質能力の向上と服務

....

【課題1】～【課題3】

課題1　教員に必要な資質能力

◎課　題

教員の資質能力の要素として重要だとあなたが思う要素を，あげなさい。10項目以内であれば，いくつあげてもよい。なお，下の考慮事項も踏まえること。

▶考慮事項：資質能力の要素をあげる際に，「不易」（ふえき），すなわち時代を超えて常に必要な資質能力と，「流行」（りゅうこう），すなわち今後の新しい時代に特に必要となってくる資質能力とに分けて考えてみることも，問題を整理する上では有効である。さらに，最終的には，それら全体を貫いて，一人前の人間（成人）として必要な資質能力についても，考えてみてもらいたい。

1　検討（ワークシート）

● 上の課題に対するあなた自身の「回答」とその「理由」をまとめよ。

〈回　答〉

〈理　由〉

● 他者の意見を聞いた場合は，その「回答およびその理由」をまとめよ。

【他者の回答およびその理由】

〈回　答〉

〈理　由〉

【他者の回答およびその理由】
〈回　　答〉
〈理　　由〉
〈回　　答〉
〈理　　由〉
〈回　　答〉
〈理　　由〉

2　関連資料

　文部科学省（2001（平成 13）年の省庁再編までは文部省）のもとにおける三つの審議会答申を並べてみてみよう。そこには，最近の文部行政の中で求められている「教員の資質・能力」についてのおおよその考え方が示されている。とりわけ，いわゆる「不易」（いつの時代にも求められる資質能力）と「流行」（今後特に求められる資質能力）とを分けて示そうとしている点に，新しい時代への準備を急ぐ姿勢をみて取ることができるといえるであろう。

---

①平成 11 年教育職員養成審議会第 3 次答申「養成と採用・研修との連携の円滑化について」より（教育職員養成審議会，1999）

(1) いつの時代にも求められる資質能力

　教員の資質能力とは，第 1 次答申において示されているとおり，一般に，「専門的職業である『教職』に対する愛着，誇り，一体感に支えられた知識，技能の総体」といった意味内容を有するものと解される。

　そして，学校教育の直接の担い手である教員の活動は，人間の心身の発達にかかわるものであり，幼児・児童・生徒の人格形成に大きな影響を及ぼすものである。このような専門職としての教員の職責にかんがみ，昭和 62 年 12 月 18 日付け本審議会答申「教員の資質能力の向上方策等について」（以下「昭和 62 年答申」という。）において示されているとおり，教育者としての使命感，人間の成長・発達についての深い理解，幼児・児童・生徒に対する教育的愛情，教科等に関する専門的知識，広く豊かな教養，そしてこれらを基盤とした実践的指導力といった能力がいつの時代にも教員に求められる資質能力であると考える。

(2) 今後特に求められる資質能力

　これからの教員には，変化の激しい時代にあって，子どもたちに自ら学び自ら考える力や豊かな人間性などの「生きる力」を育成する教育を行うことが期待される。そのような観点から，今後特に教員には，まず，地球や人類の在り方を自ら考えるとともに，培った幅広い視野を教育活動に積極的に生かすことが求められる。また，教員という職業自体が社会的に特に高い人格・識見を求められる性質のものであることから，教員は変化の時代を生きる社会人に必要な資質能力をも十分に兼ね備えていなければならず，これらを前提に，当然のこととして，教職に直接かかわる多様な資質能力を有することが必要である。

②平成17年中央教育審議会答申「新しい時代の義務教育を創造する」より
（中央教育審議会, 2005）

あるべき教師像の明示
- 人間は教育によってつくられると言われるが，その教育の成否は教師にかかっていると言っても過言ではない。国民が求める学校教育を実現するためには，子どもたちや保護者はもとより，広く社会から尊敬され，信頼される質の高い教師を養成・確保することが不可欠である。
- 優れた教師の条件には様々な要素があるが，大きく集約すると次の3つの要素が重要である。
  1. 教職に対する強い情熱
     教師の仕事に対する使命感や誇り，子どもに対する愛情や責任感などである。また，教師は，変化の著しい社会や学校，子どもたちに適切に対応するため，常に学び続ける向上心を持つことも大切である。
  2. 教育の専門家としての確かな力量
     「教師は授業で勝負する」と言われるように，この力量が「教育のプロ」のプロたる所以である。この力量は，具体的には，子ども理解力，児童・生徒指導力，集団指導の力，学級作りの力，学習指導・授業作りの力，教材解釈の力などからなるものと言える。
  3. 総合的な人間力
     教師には，子どもたちの人格形成に関わる者として，豊かな人間性や社会性，常識と教養，礼儀作法をはじめ対人関係能力，コミュニケーション能力などの人格的資質を備えていることが求められる。また，教師は，他の教師や事務職員，栄養職員など，教職員全体と同僚として協力していくことが大切である。

③平成27年中央審議会答申「これからの学校教育を担う教員の資質能力の向上について」より
（中央教育審議会, 2015）

これからの時代の教員に求められる資質能力
- これまで教員として不易とされてきた資質能力に加え，自律的に学ぶ姿勢を持ち，時代の変化や自らのキャリアステージに応じて求められる資質能力を生涯にわたって高めていくことのできる力や，情報を適切に収集し，選択し，活用する能力や知識を有機的に結びつけ構造化する力などが必要である。
- アクティブ・ラーニングの視点からの授業改善，道徳教育の充実，小学校における外国語教育の早期化・教科化，ICTの活用，発達障害を含む特別な支援を必要とする児童生徒等への対応などの新たな課題に対応できる力量を高めることが必要である。
- 「チーム学校」の考えの下，多様な専門性を持つ人材と効果的に連携・分担し，組織的・協働的に諸課題の解決に取り組む力の醸成が必要である。

3　課題の解説

　歴史をさかのぼれば，近代日本の教員養成制度を確立した森有礼文部大臣による「師範学校令」（1886（明治19）年）において，教員となる者は「順良，信愛，威重」の気質を備えるべきものとされた。要するに，上に対しては従順で生徒に対しては威張るのが理想の教師像とされたが，教員のその気質が，昭和前期には「滅私奉公」を合い言葉に，「玉砕」や「特攻」をも正常と感じる皇国主義・軍国主義へと児童生徒を突き進ませる原動力の一つとなった。

　1945（昭和20）年の敗戦の翌年（昭和21年），米国教育使節団が「「自由の空気」こそが教育の場にふさわしい」と提言し，文部省も，学習指導要領で子どもの自発性や生活経験を重んじる経験主義のカリキュラムを採用した。また，教員養成も，大学で教職課程を置けば学生が教員免許を取得できる「開放制教員養成」を基本とするように変わった。しかし，学力低下が批判され，昭和30年代からは，教師が教科書に従って教える系統主義が学習指導要領の基本となっていった。けれどもまた，1980年代に審議を行った臨時教育審議会が画一化した日本の教育のあり方を批判して個性重視や生涯学習を強調し，他方では，いじめ，学級崩壊，国際比較調査での順位低下などが問題になってきたこともあり，新しい時代に合った新しい学力の養成が教員の課題とされてきている。

こうして，答申に示されたような「不易」と「流行」を含むさまざまな資質能力が現在の教員には重要となってきている。その根幹として，また，一人前の「おとな」（成人）の思考の「ジェネリック・スキル」（汎用的技能）としてまず必要なのが，カントが「自らの悟性を使用する能力」と規定した批判的思考力であり，それは，絶えず新たな情報に目を開き，既成の制度や法令にも自らの行動や実践にも吟味の作業を続けていくことなのである。

4　再検討（ワークシート）

● 先の課題に対するあなた自身の「回答」とその「理由」をあらためてまとめよ。

〈回　答〉

〈理　由〉

課題2　教員の研修

> ◎課　題
> 教員にとって，研修とはどういった意義をもつものといえるだろうか。あなたの見解をまとめよ。

1　検討（ワークシート）

●上の課題に対するあなた自身の「回答」とその「理由」をまとめよ。

〈回　答〉

〈理　由〉

●他者の意見を聞いた場合は，その「回答およびその理由」をまとめよ。

【他者の回答およびその理由】
〈回　答〉
〈理　由〉
〈回　答〉
〈理　由〉
〈回　答〉
〈理　由〉
〈回　答〉
〈理　由〉

2 関連資料

①教員研修に関する法令上の規定

　教員の研修については，法令上の規定が設けられている。法令では，教員における研修を受ける義務とともに，研修を受ける権利についても触れられている。

　研修を受ける義務については，まずは教育基本法第9条第1項において，「法律に定める学校の教員は，自己の崇高な使命を深く自覚し，絶えず研究と修養に励み，その職責の遂行に務めなければならない」とされている。また教育公務員特例法第21条第1項においても，「教育公務員は，その職責を遂行するために，絶えず研究と修養に努めなければならない」と示されている。なお，各条文での「研究と修養」という用語は「研修」を指す。

　研修を受ける権利を示している法令は，教育基本法第9条第2項にみられる。「前項の教員については，その使命と職責の重要性にかんがみ，その身分は尊重され，待遇の適正が期せられるとともに，養成と研修の充実が図られなければならない」と示されている。ならびに，教育公務員特例法第22条第1項では，「教育公務員には，研修を受ける機会が与えられなければならない」と示されている。

　その上で，同条第2項では，「教員は，授業に支障のない限り，本属長の承認を受けて，勤務場所を離れて研修を行うことができる」と示されている。また同条第3項では「教育公務は，任命権者の定めるところにより，現職のままで，長期にわたる研修を受けることができる」と示されている。これらを踏まえれば，教員は研修が無条件に自由に受けられる権利を有するのではないことがわかる。研修を受ける権利は，「授業に支障がない上で本属長の承認を受ける」という制約や，「任命権者が定める」という制約のもとで認められているのである。

②教員研修の種類

　教員研修の種類は，その機会を提供する主体がどこであるかによって，国レベル（独立行政法人教職員支援機構），都道府県・政令指定都市・中核市レベルの教育委員会，その他の機関・団体などに分類することができる。

　まず国レベルである独立行政法人教職員支援機構では，各都道府県・政令指定都市の教育委員会などから推薦を受けた学校管理職や教職員などを対象とした研修が行われている。主として，各自治体および学校教育のリーダーを養成することを目的とした研修が実施されている。

　都道府県・政令指定都市・中核市レベルの教育委員会が実施する研修については，その趣旨から，教職経験に応じた研修，職能に応じた研修，専門的知識や技術に関する研修に分類することができる。教職経験に応じた研修には，「初任者研修」（教育公務員特例法第23条），「中堅教諭等資質向上研修（旧「10年経験者研修」）」（同法第24条）といった，法令上その実施が義務付けられている研修もある。この法令上定められた研修とともに，各教育委員会によって，5年経験者研修や20年経験者研修が実施されている。職能に応じた研修には，生徒指導主事や新任教務主任など，充（あ）て職を対象とした研修がある。また，校長や教頭といった管理職を対象とした研修も該当する。専門的知識や技術に関する研修としては，各教科の指導や，生徒指導に関する研修など，教員としての実践的力量の各側面を高めることをねらいとしたものがある。この他，企業などへの長期派遣研修も実施されている。さらには，公立学校の教員の任命権者は，指導が不適切であると認定した教員に対して，「指導改善研修」（同法第25条）を実施しなければならないことが定められている。

　その他の機関・団体などに該当するのは，市町村レベルの教育委員会，学校（校内研修），教

育研究に関する団体や教員のグループなどである。各機関・団体では，それぞれが対象とする教員を念頭に置いた上で，教育行政の動向を反映した課題や，各地域・学校で取り組む課題，各教員が実践を通じて抱える課題などを扱った研修が実施されている。

③専門職という視点からみた教員研修の意義

　教員を専門職としてとらえる考え方として，これまで特に二つの概念が注目されてきた。一つは技術的熟達者で，もう一つは反省的実践家である。

　技術的熟達者とは，一般性の高い科学的な知識や技術を，具体的な課題に適用しながら問題解決をしていくという専門家の姿を概念化したものである。教員がこうした専門家であるという前提にたてば，研修を通じて最新の高度で科学的な知識や技術を習得していくことにより，実践的指導力を着実に高めていくことができると考えられる。

　しかしながら，教員が科学的に一般化された知識や技術のみを拠り所にして実践することには，実践の場の複雑さゆえの限界もある。教育実践において，教員が最終的に拠り所にしている知識は，自らの具体的な実践での多様な指導経験を通じて形成された，個人の指導理論（Personal Teaching Theory）であるとされる（梶田，1986）。個人がもつ指導理論を活用しながら，不確かで曖昧な問題状況に探りを入れて，実践に対する反省的思考を通して自己の専門性を高める専門家の姿は，反省的実践家という概念で表されている。

　さて，こうした専門家の捉え方を踏まえると，教員の成長において，教員研修はどのような役割を果たすのだろうか。仮に教員を技術的熟達者という専門家とみなすならば，研修は最新の科学的な理論や，新たな実践の技術を習得する場といえる。一方で，もし教員を反省的実践家とみなすならば，自らの指導理論を確認したり整理したり，あるいは見直すきっかけとしたりする機会の場であるということができるだろう。

3　課題の解説

①義務という視点からの研修の意義

　教員は，学習指導，生徒指導，教育相談，キャリア教育，学級経営など，教員として必要とされるさまざまな資質や能力を身につけていることが求められる。大学の教職課程での学びは，最低限必要とされるそうした資質や能力を身につけることを目指したものである。もっとも，教職課程を修めて教員免許状を取得しさえすれば，教員として職務を行うのに十分な力を身につけたということにはならない。そこで，絶えず研修に努めることが社会的に要請されているのである。

　教員が，絶えず研修を受けるべきことの意義を二つ挙げておきたい。一つ目は，社会の変化に伴った教員に求められる資質や能力を身につけるという意義である。たとえば，パソコンやタブレットおよび情報ネットワークが学校の場でも使用しやすくなるのに伴い，ICTを活用した教育方法が注目されてきた。そこで教員には，技術的熟達者として，教育用のICT機器を使用するための，最新の教育実践のための技術が新たに期待されている。二つ目は，教職経験や職能に応じた資質や能力を身につけるという意義である。これはいかなる職業にも当てはまることであるが，初任者教員が目指すべき課題と，中堅教員，管理職が目指すべき課題は必ずしも同じではないのである。

②権利という視点からの研修の意義

　教員は，日頃よりさらに資質能力を高め続けたいという動機をもっている。こうした資質能力の向上は，その方向性が適切なものであれば，児童生徒たちにより質の高い教育を実現することへとつながる。この視点から，研修の機会は教員にとって，自主的に資質能力を高めていくための一定の権利を保証している。たとえば，ある教員は，教科の指導力をさらに高めたいという動機から研修を受けたいと思うことがあるだろう。あるいは，別の教員は，自らの実践の中で抱える課題の解決に向けて，研修を受けたいと思うこともあるだろう。さらに別の教員においては，日頃の指導を通じて導いてきた漠然とした個人の指導理論を，整理したり見つめ直したりする機会が必要だと感じて研修に期待することもあるだろう。

　概して教員が向き合う課題は，教育に関する既存の，また普遍性の高い科学的な知識や技術を適用すればよいというような一般性の高い解決策が担保されておらず，不確かで曖昧なものと特徴づけられる。具体的には，ある教育学的な指導技術が特定の児童生徒にうまく働いたとしても，別の児童生徒にはうまく働くとは限らないという不確実性をもっているのである。

　そこで，教員が研修を自主的に受けることは，新たに指導理論を獲得したり，あるいは自己の指導理論を整理したり見直したりして教員としての資質能力を高めるという意義をもっている。その結果として，児童生徒たちへの教育に還元されることが期待されている。

4　再検討（ワークシート）

●先の課題に対するあなた自身の「回答」とその「理由」をあらためてまとめよ。

〈回　答〉

〈理　由〉

課題3　教員の服務

◎課　題

一般企業の会社員では問題にならないが，公立学校教員で問題になる行動としては，具体的にどのようなものがあるだろうか。教員の服務に関する規程を踏まえつつ挙げよ。

1　検討（ワークシート）

●上の課題に対するあなた自身の「回答」とその「理由」をまとめよ。

〈回　　答〉
〈理　　由〉

●他者の意見を聞いた場合は，その「回答およびその理由」をまとめよ。

【他者の回答およびその理由】
〈回　　答〉
〈理　　由〉
〈回　　答〉
〈理　　由〉
〈回　　答〉
〈理　　由〉
〈回　　答〉
〈理　　由〉

2　関連資料

①教職員の服務

　服務とは，職務に従事することである。服務する者の守るべき規則として，服務規程がある。教育公務員は，公務員であるため，日本国憲法第15条第2項の「すべて公務員は，全体の奉仕者であつて」という規定に基づき，全体の奉仕者であることが求められる。

　公立学校の教職員は，地方公務員の身分を有する。そのため，基本的な服務については地方公務員法（第30条～第38条）に定められている。

　また，公立学校教員は，職務を遂行するにあたって，地方公務員法以外にも関連法の規定に拘束されている。具体的には，教育公務員特例法や国家公務員法などが挙げられる。

②職務上の義務と身分上の義務

　公立学校の教職員が対象となる地方公務員法に定められた義務には，職務上の義務と身分上の義務がある。職務上の義務には，①服務の宣誓（地方公務員法第31条），②法令等及び上司の職務上の命令に従う義務（同法第32条），③職務に専念する義務（同法第35条）といったものがある。職務に就いている間，つまり勤務時間内に課せられた義務である。一方，身分上の義務は，④信用失墜行為の禁止（同法第33条），⑤秘密を守る義務（同法第34条），⑥政治的行為の制限（同法第36条），⑦争議行為等の禁止（同法第37条）⑧営利企業への従事等の制限（同法第38条）である。身分上の義務は，職務上の義務と異なり，地方公務員としての身分を有する限り課せられる義務である。

③地方公務員法と身分上の義務

　ここでは身分上の義務に関する地方公務員法を抜粋し解説する。

> ●地方公務員法第33条（信用失墜行為の禁止）
> 職員は，その職の信用を傷つけ，又は職員の職全体の不名誉となるような行為をしてはならない。

　職務に関係ない個人的な行為であっても，それが当事者個人の信用だけでなく，場合によっては全職員に対する信用を失わせることがある。

> ●地方公務員法第34条（秘密を守る義務）
> 職員は，職務上知り得た秘密を漏らしてはならない。その職を退いた後も，また，同様とする。
> 2　法令による証人，鑑定人等となり，職務上の秘密に属する事項を発表する場合においては，任命権者（退職者については，その退職した職又はこれに相当する職に係る任命権者）の許可を受けなければならない。
> 3　前項の許可は，法律に特別の定がある場合を除く外，拒むことができない。

　教職員は，退職後も職務において知った秘密を守る義務がある。「職務上知り得た秘密」には，職務を執行するに当たって知り得た個人の秘密も含まれる。では，児童虐待の通告はどうなるか。児童虐待の防止等に関する法律では，「児童虐待を受けたと思われる児童を発見した者は，速やかに」市町村，福祉事務所または児童相談所に通告する義務を負うことが定められている（第6条第1項）。そして，同法第6条第3項で，守秘義務に関する法律の規定は「第一項の規定による通告をする義務の遵守を妨げるものと解釈してはならない」とされていて，児童虐待

の通告をすることは，地方公務員法の守秘義務に抵触しない。

> ●地方公務員法第36条（政治的行為の制限）
> 職員は，政党その他の政治的団体の結成に関与し，若しくはこれらの団体の役員となつてはならず，又はこれらの団体の構成員となるように，若しくはならないように勧誘運動をしてはならない。
> 2 職員は，特定の政党その他の政治的団体又は特定の内閣若しくは地方公共団体の執行機関を支持し，又はこれに反対する目的をもつて，あるいは公の選挙又は投票において特定の人又は事件を支持し，又はこれに反対する目的をもつて，次に掲げる政治的行為をしてはならない。ただし，当該職員の属する地方公共団体の区域（中略）外において，第一号から第三号まで及び第五号に掲げる政治的行為をすることができる。
> 一 公の選挙又は投票において投票をするように，又はしないように勧誘運動をすること。
> 二 署名運動を企画し，又は主宰する等これに積極的に関与すること。
> 三 寄附金その他の金品の募集に関与すること。
> 四 文書又は図画を地方公共団体又は特定地方独立行政法人の庁舎（特定地方独立行政法人にあつては，事務所。以下この号において同じ。），施設等に掲示し，又は掲示させ，その他地方公共団体又は特定地方独立行政法人の庁舎，施設，資材又は資金を利用し，又は利用させること。
> 五 前各号に定めるものを除く外，条例で定める政治的行為（3〜5は略）

　教育基本法第14条第2項で「法律に定める学校は，特定の政党を支持し，又はこれに反対するための政治教育その他政治活動をしてはならない」と定められている。これは学校教育のもつ意義や役割，あるいは影響力の大きさを考えれば当然のことである。したがって，学校に勤務する教育公務員に，政治的行為の制限があるのは必然ともいえる。
　さらに教育公務員は，その職務とその特殊性から，教育公務員特例法第18条第1項で，地方公務員であっても「地方公務員法第36条の規定にかかわらず，国家公務員の例による」とされている。つまり，政治的行為の制限に関しては，地方公務員法によるのではなく，国家公務員法によるということである。なお国家公務員は，国家公務員法第102条および同条に基づく人事院規則14-7（政治的行為）に定められている政治的行為が禁止される。

> ●地方公務員法第37条（争議行為等の禁止）
> 職員は，地方公共団体の機関が代表する使用者としての住民に対して同盟罷業，怠業その他の争議行為をし，又は地方公共団体の機関の活動能率を低下させる怠業的行為をしてはならない。又，何人も，このような違法な行為を企て，又はその遂行を共謀し，そそのかし，若しくはあおつてはならない。（2は略）

　公務員も労働者であるから，原則的には労働基本権が認められている。しかし，公務員は全体の奉仕者であり，国民生活に大きな影響を及ぼすことが予想される団体行動権（争議権）については認められていない。

> ●地方公務員法第38条（営利企業の従事等の制限）
> 職員は，任命権者の許可を受けなければ，商業，工業又は金融業その他営利を目的とする私企業（以下この項及び次条第一項において「営利企業」という。）を営むことを目的とする会社その他の団体の役員その他人事委員会規則（人事委員会を置かない地方公共団体においては，地方公共団体の規則）で定める地位を兼ね，若しくは自ら営利企業を営み，又は報酬を得ていかなる事業若しくは事務にも従事してはならない。

　教育公務員は，教育公務員特例法第17条により特例が認められていて，「教育に関する」もののみに限られているが，本務に支障がないと任命権者が認める場合には兼職ができる。「教育に関する職」としては，国公私立学校等の非常勤講師などで，学習塾の講師は，「教育に関する職」には含まれていない。

3 課題の解説

　課題では,「教員の服務に関する規程を踏まえつつ」とある。そこで,服務規程で,一般企業では問題にならないが,公立学校教員では問題になるものは何かを考えたい。

　労働基本権は,日本国憲法により,団体権,団体交渉（協議締結）権,団体行動（争議）権の三つの権利（労働三権）から構成されており,一般企業では,労働三権が認められている。そこで,賃金交渉などで争議権が認められている。一方,公立学校教員は全体の奉仕者である。さて,労働三権はどうなっているだろうか。

　次に公立学校教員は,職務を遂行するにあたって,地方公務員法以外にも関連法の規定に拘束されている。具体的には,政治的行為の制限に関しては,教育公務員特例法や国家公務員法も熟読することで,当該行為にかかる教員の身分上の義務を理解することができるだろう。

4 再検討（ワークシート）

●先の課題に対するあなた自身の「回答」とその「理由」をあらためてまとめよ。

〈回　　答〉

〈理　　由〉

第2部
社会性と対人関係能力

....

【課題4】～【課題7】

課題4　保護者への対応

> ◎課　題
>
> 学級担任をしている保護者より電話があり、「うちの子どもは、数学が苦手なのだが、今の数学の担当の先生と相性が悪いようである。担当の先生を代えてもらいたい」と言われた。あなた自身のことを指摘した電話ではないが、学級担任教員として、どのように対応することが必要だろうか。具体的な対応のしかたについてまとめよ。

1　検討（ワークシート）

●上の課題に対するあなた自身の「回答」とその「理由」をまとめよ。

〈回　答〉

〈理　由〉

●他者の意見を聞いた場合は、その「回答およびその理由」をまとめよ。

【他者の回答およびその理由】

〈回　答〉

〈理　由〉

〈回　答〉

〈理　由〉

〈回　答〉

〈理　由〉

【他者の回答およびその理由】
〈回　　答〉

〈理　　由〉

2　関連資料

①学級経営と保護者

　学級担任として良好な学級経営を行うには，いくつかの確認事項がある。今の学級は児童生徒一人ひとりにとって安心・安全な環境なのだろうか，生徒がもてる力を発揮できる場や役割分担になっているのだろうか，生徒間の信頼関係はできているのだろうか，などである。

　また，保護者との信頼関係を構築することも，良好な学級経営を行うための大きな要素である。近年は，モンスターペアレントなどと表現されることもあるように，クレームをつける保護者が注目されているが，保護者も最初から無理難題を押しつけるのではない。些細な行き違いで，担任や学校との関係性がこじれた状態になってしまったのである。また，初期対応のまずさで問題を大きくしている場合もある。特にそうした問題を教員自身が抱え込んで問題を大きくしている場合も多くある。問題が起これば，周りの同僚，学年主任，管理職に報告，連絡，相談する「報・連・相」を常に行って情報を共有する姿勢が重要である。

　保護者とトラブルを起こさないためにも，4月当初は，学級経営の指針を示す目標の開示に加え，自己紹介を兼ねた自己開示を学級通信などで行うことはとても有意義である。また，家庭への電話連絡などのやり取りなどは丁寧に行うことが必要である。常に保護者と連絡を取り合って，学校と家庭で一緒に生徒を育てていきましょう，という姿勢で臨むとよいだろう。

　学級経営がうまくいかなくなる原因に保護者がなる場合もあるが，助けてくれるのも保護者である。保護者は学級経営の大きな味方になりうるということを意識して対応したい。

②困った保護者に対する見方

　学校にとっての「困った保護者」の姿をイメージする上で，教員からみた保護者の現状を表現した忽那（2010）の記述の一部を抜粋したい。

・子育ての不安をだれにも相談できずに1人で抱えている。
・自分さえよければそれでよいという保護者も少なくない。
・子どものことよりも自分のやりたいことを優先する未熟な保護者も増えてきた。
・とくに問題のないように見えた子どもたちが突然事件を起こす現状のなかで，自分の子どもに「もしものことがあれば」という不安を抱えている。
・子どもよりも仕事を優先しているのではないかと思われる保護者が増えてきた。
・子どもが学校生活のつらさを家庭で話すと，すぐに学校批判をする保護者がいる。このような批判は，自分の子どもが家庭で見せる姿だけをすべてと思い，学校では違う姿を見せていることを理解していないことや，学校で過ごすことの意味を理解していないことからくると思われる。

教員の立場からこれらの表現に目を通すと,「たしかにこうした困った保護者が存在する」と認識させられることだろう。しかしながら,果たしてこうした見方に固執することによって,実際のそうした保護者の対応に役立つであろうか。忽那(2010)は,学校の指導や方針に保護者が協力するのは当然だ,という姿勢で対応をしてもうまくいかないことを指摘している。

「困った保護者」に対する見方が,教員の立場に偏った一面的な見方であるという可能性も留意しておきたい。

③困った保護者への対応

周囲の迷惑は顧みず,自分の権利を主張して,理不尽なことを要求する保護者が目立ってきた。子どもへのしつけが欠如し,自らのモラルが低下した保護者もみられる。しかしこのような保護者に対しても,教員はうまく対応しなければならない。

保護者対応で問題が生じる原因として,初期対応のまずさが挙げられる。特に最初のやり取りにおいて,教員の言い方や話し方,態度に保護者が反応して,問題を複雑にしている場合がある。そのため,教員としては,カウンセリング・マインドの姿勢で,礼儀にかなった丁寧な対応をしつつ,話を聴いていくのが基本となる。

保護者が学校に対して要求を出すということは,その背後に保護者の不安や学校に対する不信感・不満があることを意味する。ただし,それは学校に対するなんらかの期待の表れでもある。すなわち,その不安や不信感・不満に応えてくれるだろうという期待なのである。

要求の背後に何があるのか,またどのような背景があるのか,保護者の不安や不満を探る気持ちで話を聞くということは大変重要なことである。保護者の言い分にじっくり耳を傾け,問題を明確化していくことで解決がみえてくる。そして,生徒の成長のために学校としてできることは何か,家庭としてできることは何かを,一緒に考えることが必要である。この作業は大変だが,「子どもの成長のため,子どもを共に育てよう」という一点では共通理解への道が開けてくると思われる。

保護者と一緒に生徒のために考えることはとても大切なことであるが,相手の勢いに押され,できないことを安請け合いすると後で取り返しのつかないことになる。そこで,できないことはできないと伝えることも重要である。

最後に,直接のやり取りの後の対応の原則だが,必ず上司や同僚に報告・連絡・相談をする。特に複雑な問題では,決して一人で対応せずに,組織的に複数の教職員で対応する。

④各種機関や専門家との連携

問題が複雑化・多様化する今日,教職員に加えて,専門家(専門スタッフ)らの協働による「チーム学校」による課題解決としての教育や支援が求められている。

とりわけ,理不尽な保護者に対しては,学校だけで解決できないことが多い。日頃から教育委員会とも連携して,対策を講じておくことが望ましい。また,中学校では,スクールカウンセラーが配置されているので,日頃から連携をとり,子どもの問題行動などへの援助をする必要がある。

また,問題によっては外部の専門家と連携をとって,複数の関係者がチームで関わることができるよう,各学校の実態に応じて校内体制を整えておかなければならない。

学校外の専門機関としては,適応指導教室,教育相談センター,児童相談所,児童養護施設,医療機関,福祉関係機関,大学機関,民生委員・児童委員,その他NPO団体などがある。それぞれの機関の特徴を理解した上で,その機関の担当者と必要な情報を交換しながら,児童生徒の支援に努力する必要がある。

3　課題の解説

　この課題では，保護者から学校に電話がかかってきている。保護者が不安や焦り，混乱や怒りを抱えた電話の場合，教員は精神的に動揺して，本質に気づかない場合が多くある。このような電話を「苦情」と判断してしまうのではなく，教員の知らない子どもの家庭での姿を教えてもらう貴重な声ととらえ，保護者の「声」を聴くことにより，違った意味を読み取ることができる。保護者が学校に電話をかけた真意はなんだろうか？　関連資料の「②困った保護者に対する見方」や「③困った保護者への対応」を参考にしながら，学校に電話をかけた気持ちなどの背景をまず考えてみる。そして，それを十分理解して，この課題に対してどう対応すればいいかを考える。

　保護者から電話がかかってきているので，まずは，この電話の対応をどうするかである。保護者と問題がこじれる大きな原因の一つに，内容よりも初期対応の失敗があげられる。教師の言い方，話し方，態度などの対応のまずさで，問題を複雑にしている場合が多くある。この電話をどのような態度で対応すればいいか，「③困った保護者への対応」を参考に考える。

　そして保護者が電話をしてきた内容がわかってきた時，どう答えるかがポイントになる。この場合，数学の担当の交代という要求に対してどう答えるかである。「無理だ」ということはわかっているので，そのまま答えるのがいいか，または，よくないならば，どうすればいいのか。また，この電話をどう収めるのかというのがポイントになる。

　最後に，電話が終わった後，取るべき行動とは何かを考える。この問題は，自分一人で対応できる問題なのか，または自分一人で抱えられる問題なのかどうなのかを考え，自分一人で対応できる問題でないならば，どうしなければならないかと考えると，自ずと適切な対応をするための方法が回答できよう。

4　再検討（ワークシート）

●先の課題に対するあなた自身の「回答」とその「理由」をあらためてまとめよ。

〈回　答〉

〈理　由〉

課題5　地域との連携による生涯学習

◎課　題

私たちが地域との連携を図りながら生涯学習をすすめるためには，地域との人的なつながりを広げていくことが必要となる。まずは身近な地域活動を通じて地域の実態を把握するとともに，地域住民の意見を聞くことから始めていくとよいだろう。さて，その時の具体的な手法として考えられることについてまとめよ。

1　検討（ワークシート）

●上の課題に対するあなた自身の「回答」とその「理由」をまとめよ。

〈回　　答〉

〈理　　由〉

●他者の意見を聞いた場合は，その「回答およびその理由」をまとめよ。

【他者の回答およびその理由】

〈回　　答〉

〈理　　由〉

〈回　　答〉

〈理　　由〉

〈回　　答〉

〈理　　由〉

【他者の回答およびその理由】
〈回　　答〉

〈理　　由〉

2　関連資料

①生涯学習の意義

　「生涯学習」は，1965（昭和40）年，ユネスコでラングラン（Lengrand, P.）が提唱し，多くの国々で教育を考える基本的な理念となった。我が国では，中央教育審議会（1981）の「生涯教育について（答申）」において，生涯教育の意義は次のように述べられている。「今日，変化の激しい時代にあって，人々は，自己の充実・啓発や生活の向上のため，適切かつ豊かな学習の機会を求めている。これらの学習は，各人が自発的意思に基づいて行うことを基本とするものであり，必要に応じ，自己に適した手段・方法は，これを自ら選んで，生涯を通じて行うものである。その意味では，これを生涯学習と呼ぶのがふさわしい。この生涯学習のために，自ら学習する意欲と能力を養い，社会のさまざまな教育機能を相互の関連性を考慮しつつ総合的に整備・充実しようとするのが生涯教育の考え方である。言い換えれば，生涯教育とは，国民の一人ひとりが充実した人生を送ることを目指して生涯にわたって行う学習を助けるために，教育制度全体がその上に打ち立てられるべき基本的な理念である」。この記述を踏まえるならば，生涯学習の意義は，社会的関係性を重視することで，よりよい人生と社会の実現を目指し向上することにある。

　特に，生涯学習が学習者個人にもたらす意義は，「自分の人生をよりよいものにしたい」という能動的な生き方へとつながることにある。生涯学習が個人にとって意義深いものになるためにも，自発的意思，自己決定の態度，生涯にわたる継続性の姿勢が求められる。

　なお，生涯学習のこうした意義が着目されるもとで，1990年に「生涯学習の振興のための施策の推進体制等の整備に関する法律」が制定された。国には生涯学習審議会を設置し，都道府県にも生涯学習審議会を置けることになった。

②生涯学習が求められる理由

　生涯学習が近年求められるようになった理由は，社会全体が大きく変化し，人々がその変化に対応する必要が生じてきたためである。その変化とは，次に挙げる三つである。

　1）平均寿命が80歳を超えた長寿社会　　2015年の日本の平均寿命は，男性80.75歳，女性86.99歳であった（厚生労働省，2017）。必然的に定年後の生きがいを見出すことが課題となっている。

　2）技術革新の進展　　AI技術の発達などで働き方の変化が身近でも実感される時代に入ってきた。また，技術革新のスピードが加速され，それに対応する先端的な知識・技能が要求されている。そして，たとえば異質なものを組み合わせるなど，創造性が求められている。

　3）生活する場の見直し（まちづくり）　　地域共同体の崩壊に対する危機感から，全国の自治

体において，住民が日常生活を過ごす場として，地域が見直されている。また，地方分権や働き方改革から住民の意識の変化がもたらされようとしている。

③生涯学習の考え方に通じる社会の動向

生涯学習の考え方は，教育だけではなく，社会や地域の人たちの生き方にも大きな変化をもたらした。その動向について三点をまとめておく。

1) 学校教育　2006年に改正された教育基本法第3条では，新たに「生涯学習の理念」が示され，生涯学習社会を実現することが，教育の使命とされている。また，同13条では，「学校，家庭及び地域住民その他の関係者は，教育におけるそれぞれの役割と責任を自覚するとともに，相互の連携及び協力に努めるものとする」とあり，学校，家庭および地域住民などの相互の連携協力の重要性が明記されている。このことは，学校教育中心から抜け出る発想をもたらした。つまり，地域とともに学校があり，地域との関係性に支えられて教育が実践されることが社会で目指されてきた。具体的には，地方教育行政の組織及び運営に関する法律第47条の6で規定される学校運営協議会制度（コミュニティ・スクール）が幼稚園から小学校，中学校，高等学校に設けられている。子どもたちの生活体験が減少するなか，学校が地域と連携することにより学校内外活動の充実を図り，主体的な活動経験が積み重ねられるように支援することが可能となる。

2) 社会での教育　社員教育を外部化する必要からリカレント教育が推進された。リカレント教育とは，生涯にわたって教育を受ける期間と労働期間を交互に繰り返す（リカレント）教育である。リカレント教育の推進のもとで，今まで教育から除外されてきた，会社組織や団体が行う訓練，研修，啓発などの学びを伴う活動が，生涯学習と捉えられるようになった。これらの動きは，生涯学習社会の形成をいっそう促進するものになったと考えられる。

3) まちづくりの活動およびNPO　まちづくりは地域活動の大きなテーマとなっており，経済面や文化面，くらしそのものに関わるものである。そのため住民が自ら住むまちや，その歴史，文化，産業などについて生涯にわたり学ぶことが必要となる。また，地域の共通課題を通じて住民同士のつながりが生まれるきっかけづくりとなる。さらに，それが地域の防災へとつながっていく。

まちづくりや福祉増進などの現代的課題に取組む団体について，1998年に特定非営利活動促進法（NPO法）が制定された。2017年4月末時点で，NPO法人として51,508団体が活動している[1]。

3　課題の解説

①生涯学習支援ネットワークづくり

アメリカの政治学者パットナム（Putnam, R. D.）は，社会関係資本（ソーシャル・キャピタル）という概念を提起している。社会関係資本とは，「調整された諸活動を活発にすることによって社会の効率性を改善できる，信頼，規範，ネットワークといった社会組織の特徴」である。社会関係資本は蓄積を目的としない他の社会的諸活動の副産物として生み出されるという特徴がある（パットナム，2001）。すなわち，個人の趣味や娯楽を目的とした学習活動であって

---

1) 内閣府NPOホームページ　特定非営利活動法人の認定数の推移〈https://www.npo-homepage.go.jp/about/toukei-info/ninshou-seni（2017年6月17日）〉

も，その学習のプロセスで参加者の相互関係が緊密になり，信頼関係が築かれるならば，社会関係資本を生み出す活動と捉えられる。このように日常的に趣味やスポーツで社会関係資本が高まっている地域では，地域防災の学習プログラムを実施すると，高い参加率や学習効果が望める。したがって学習成果を図る時に，社会的解決に役立つか否かではなく，楽しく快適な時間を他の人との交流の中で過ごすことが重要となる。そのためには人間関係が重要であり，自分の個人的なネットワークを可視化し自分を支える環境をつくることが大切である。

②行政との連携

2011年5月に地方自治法が改正され，「総合計画審議会」といった行政職員以外の外部委員の参加によって計画策定を行う市町村が一般的となった。したがって，広く住民の意向を踏まえたパブリックコメントの実施など，行政と住民のパートナーシップの住民参加方式で計画を策定することが当然のようになりつつある。

また，住民参加は，計画の策定過程だけではない。外部委員による第三者評価や住民アンケートを実施し，その成果を行政評価に反映している市町村の例もある。こうした手法は，住民の意識を変え，次の計画策定に生かされることにつながる。

③課題解決型学習

地域の課題解決型学習では，現地視察や実習，ワークショップなどを採り入れて，多様な人と出会う場をつくると，多種多様な人や団体・機関との連携が深まり，顔の見える関係を構築できる。そこで，課題解決に向けての取り組みを可視化するツール（図5-1）などを活用すると有効である。

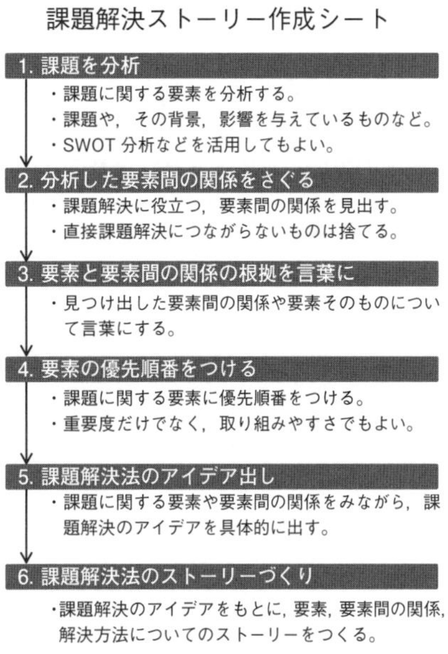

課題解決ストーリー作成シート

1. 課題を分析
　・課題に関する要素を分析する。
　・課題や，その背景，影響を与えているものなど。
　・SWOT分析などを活用してもよい。

2. 分析した要素間の関係をさぐる
　・課題解決に役立つ，要素間の関係を見出す。
　・直接課題解決につながらないものは捨てる。

3. 要素と要素間の関係の根拠を言葉に
　・見つけ出した要素間の関係や要素そのものについて言葉にする。

4. 要素の優先順番をつける
　・課題に関する要素に優先順番をつける。
　・重要度だけでなく，取り組みやすさでもよい。

5. 課題解決法のアイデア出し
　・課題に関する要素や要素間の関係をみながら，課題解決のアイデアを具体的に出す。

6. 課題解決法のストーリーづくり
　・課題解決のアイデアをもとに，要素，要素間の関係，解決方法についてのストーリーをつくる。

SWOT分析：外部環境や内部環境を，強み（Strengths），弱み（Weaknesses），機会（Opportunities），脅威（Threats）の四つのカテゴリーで要因分析する手法。

図5-1　課題解決ストーリー作成シート
（浅井（2014）をもとに筆者が作成）

4　再検討（ワークシート）

●先の課題に対するあなた自身の「回答」とその「理由」をあらためてまとめよ。

〈回　　答〉

〈理　　由〉

課題6　学校安全への対応

◎課　題

昼休みの時間に，「1階の理科室から異臭がする」と，生徒が職員室に警告をしにきた。教員としてどういったことに気をつけて対応すべきだろうか。具体的な対応のしかたについてまとめよ。

1　検討（ワークシート）

●上の課題に対するあなた自身の「回答」をまとめよ。

〈回　　答〉

●他者の意見を聞いた場合は，その「回答」をまとめよ。

【他者の回答】

〈回　　答〉

〈回　　答〉

〈回　　答〉

〈回　　答〉

2 関連資料

①学校安全の構造

教職員用の参考資料として2001年に作成された『「生きる力」をはぐくむ学校での安全教育』(2010年改訂)では,学校安全の目的について「学校安全は,幼児,児童及び生徒(以下「児童生徒等」とする。)が,自他の生命尊重を基盤として,自ら安全に行動し,他の人や社会の安全に貢献できる資

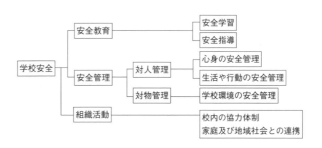

図6-1　学校安全の構造図(文部科学省,2010：23)

質や能力を育成するとともに,児童生徒等の安全を確保するための環境を整えることをねらいとしている」(文部科学省,2010)と示されている。この目的を実現するために,学校安全は児童生徒が安全に行動できる能力等を育てる安全教育と,安全な学校環境を整備する安全管理の二つの活動を主な領域とする。さらにこれらの活動を推進するため,教職員の協力体制を整え,家庭および地域との連携を図る組織活動が必要とされる(図6-1)。

上記のように学校安全の領域に含まれる安全教育は,生徒指導とも強く関連する。生徒指導の意義は「教育課程の内外において一人一人の児童生徒の健全な成長を促し,児童生徒自ら現在及び将来における自己実現を図っていくための自己指導能力の育成を目指す」(文部科学省,2011)こととされている。この「意義」をもとに両者の関係を考えると,学校が安心して学べる環境であることが「健全な成長」の大前提である。また児童生徒が主体的に危険に対応し,自ら身を守ることができるようになる「自己指導能力」を育成するという点で,安全教育は生徒指導との共通性が認められる。よって学校安全は児童生徒の保護だけでなく,生徒指導の機能も含めて考えることができる。そして,児童生徒の安全を守るために,学校安全では安全管理と安全教育の両面から,次の三段階の危機管理に対応した取り組みが必要となる。

> 1. 安全な環境を整備し,事件・事故災害の発生を未然に防ぐための事前の危機管理
> 2. 事件・事故災害の発生時に適切かつ迅速に対処し,被害を最小限に抑えるための発生時の危機管理
> 3. 危機が一旦収まった後,心のケアや授業再開など通常の生活の再開を図るとともに,再発の防止を図る事後の危機管理(文部科学省,2010)

②学校保健安全法について

学校安全に関する主要な法律としては,1958年制定の学校保健法が改正され,名称も改められて2009年に施行された学校保健安全法が挙げられる。同法第3条の2項では,「学校安全の推進に関する計画」を国が策定し,5年ごとに計画を刷新することを規定している。また同法第26条から第30条は,学校安全に関する規定に当てられている。第27条では,学校の施設および設備の安全点検,安全指導,職員研修その他の安全に関する事項についての年間計画である,「学校安全計画」の策定が各学校に義務づけられている。さらに,第29条では,危機発生時に学校の職員がとるべき措置の具体的内容および手順を定めた対処要領(「危険等発生時

対処要領」または「危機管理マニュアル」と呼ばれる)の策定が各学校に義務づけられている。2017年3月に公表された「第2次学校安全の推進に関する計画」のデータによると，2015年度時点で学校安全計画を策定している学校は96.5％，危機管理マニュアルを策定している学校は97.2％となっている。このようにほとんどの学校で，安全教育をはじめとした学校安全の取り組みについて，年間を通じた活動計画が立てられ，また危機発生時の対応手順や優先順位が検討されているとわかる。そのため，まずは自校の危機管理マニュアルに定められた連絡体制や対応モデルを念頭においた行動が必要となる。ただし，実際の事故・災害は個別の状況が大きく異なり，想定外の事態が発生する場合も多いため，マニュアルにはない臨機応変な対応も求められよう。

③児童生徒の安全の優先

　1959年に国連で採択された「児童権利宣言」の前文では，子どもは「身体的及び精神的に未熟」であるため，特別にこれを守り，世話する必要があると述べられている。さらに宣言の第8条には「子どもは，あらゆる状況にあつて，最初に保護及び救済を受けるべき者の中に含められなければならない」と定められており，子どもは優先的に保護されるべき存在とされている。一方で，『「生きる力」をはぐくむ学校での安全教育』において，学校安全の目的について「児童生徒等の安全を確保するための環境を整えること」という表現がみられる。これは学校安全が児童生徒を優先的に危険から守り，保護すべきことを示すものであり，「児童権利宣言」と軌を一にする見解と考えられる。

　しかし，児童生徒の安全優先の原則は，学校におけるその他の人々，すなわち教員や職員，保護者や地域住民などの来校者の安全配慮は不要という意味ではない。渡邉は，学校安全の目的を「児童生徒等，教職員及び学校の施設・設備等の安全が確保できる環境づくりを推進する」(渡邉，2006，傍点は引用者)ことと定義しており，ここにはなおざりにされがちな教職員の安全が明記されている。学校安全を考えるにあたって，児童生徒の安全が最優先であるのは間違いない。ただ，学校での事故や事件，災害等への対応に教員が率先して当たる際に，教員である自分自身の安全について，さらには他の教員や職員といった学校関係者すべての安全に対しても，必要かつ可能な配慮が欠けていないかに注意する必要がある。

3　課題の解説

　学校で異臭が問題となった事例としては，2016年に大阪府枚方市の中学校で硫化水素を発生させる実験中に異臭が生じ，複数の生徒が病院に搬送された騒動や，2014年に和歌山市の中学校で，異臭による頭痛やめまいのため41名が体調不良を訴えた異臭騒ぎなどが挙げられる。学校での異臭騒ぎでは，校外での薬剤散布や工事の際の塗料などが原因として疑われた例があるが，原因の特定には至らない場合も少なくない。今回の課題場面の時点で異臭の原因は不明であるが，生徒が病院に搬送された過去の事例を考えれば，事態を重くみて対応することが肝心である。また，生徒の警告を疑ったり，軽くあしらったりするのは生徒を信頼していないことになる。ボルノウ (Bollnow, 1965) によれば「ひそかに疑いの念をいだきながらも，いわゆる「教育的」な根拠から，子どもに対して信頼を寄せているかのような振りをすること」は，不誠実なため必ず挫折するという。課題場面は発生時の危機管理に該当し，安全教育より安全管理が前面に出てくるが，生徒を真に信頼した教員のふるまいは，安全教育を含めたすべての教育を支える基本的態度として重要である。

異臭の原因としては薬品の漏れや腐敗物以外に火災も考えられる。家田は「特に学校はもともと火災が少ないものだという安心感，また防火に対する意識の低さからくる気のゆるみ，安全点検や防火訓練のマンネリ化などが学校のなかに存在することも事実」（家田，1991）というが，理科室にはアルコールランプや化学反応で発熱する試料もあり，また放火もあり得る。よって火災の可能性を想定し，緊張感をもって迅速に対応したい。

　教師の立場からすれば，午後の授業予定の混乱を避けたい，騒ぎの拡大を防ぎたいといった考えも浮かぶかもしれない。だがそのために，連絡を受けた教師が単独で対応をした場合，有毒ガスの吸引によって意識不明になるなどしても救助されず，さらに事故対応が遅れ被害が拡大する危険性もある。よって連絡を受けた時点で，危機管理マニュアルの緊急連絡系統に沿って情報共有をし，理科室の管理者をはじめ，他の教員と共に組織的に対応することが重要である。また生徒は安全を優先して職員室にとどめ置き，生徒から発見した状況を他の教員が聞き取って，対応の参考にすることも考えられる。

　課題場面は昼休み時間中の出来事であるため授業中と違い，生徒は教室内にいるとは限らず，廊下や校庭に分散していると考えられる。そのため，避難が必要となった場合，教師による誘導や点呼が困難であったり，全校生徒への連絡が放送だけでは行き届かなかったりする恐れもある。よってクラス担任だけでなく，教師が分担して校内の生徒を退避させるようにする。その際に，教職員も被害に遭わないよう，生徒だけでなく教職員の人員確認も十分に行う必要がある。そして，今回の課題からは外れるが事後には，被害に遭った生徒がいる場合は，被害者や被害を目撃した生徒の心のケアや，安全管理に不備がなかったかを検証して危機管理マニュアルを改善するなどの取り組みが求められる。

4　再検討（ワークシート）

● 先の課題に対するあなた自身の「回答」をあらためてまとめよ。

〈回　　答〉

課題7　情報管理に関する対応

> ◎課　題
>
> 朝，職員室に，自分が担任している生徒がきて，「自分を含む5人の生徒のテストの成績に関する情報が，インターネット上に掲載されている」と，身体を震わせながら訴えてきた。さて，こうした事例に対して，いかなる対応が必要だろうか。具体的な対応のしかたについてまとめよ。

1　検討（ワークシート）

●上の課題に対するあなた自身の「回答」とその「理由」をまとめよ。

〈回　答〉

〈理　由〉

●他者の意見を聞いた場合は，その「回答およびその理由」をまとめよ。

【他者の回答およびその理由】

〈回　答〉

〈理　由〉

〈回　答〉

〈理　由〉

〈回　答〉

〈理　由〉

【他者の回答およびその理由】
〈回　答〉

〈理　由〉

2　関連資料

①学校における個人情報

　学校で扱う児童生徒に関する情報は，個人情報と位置づけられる。個人情報とは，生存する個人に関する情報であり，特定の個人を識別することができる情報である。学校が，個人情報の漏洩，滅失または毀損の防止などに必要な措置を講じるべきことは，国立学校，公立学校，私立学校のそれぞれを対象とした個人情報保護に関する法律や条例で定められている。その上で，もしも学校から個人情報が漏洩した可能性がある場合，児童生徒たちの安全を脅かす事態とみなして対応する必要がある。系統的で組織的に，さまざまな迅速かつ適切な対応をしなければならないのである。

②学校安全の確保を図る文書

　学校では，児童生徒たちの安全の確保を図るために，起こりうる事件や事故を想定した上で，いかなる予防や対処をするかの見通しを立てておかねばならない。このことは，学校保健安全法に定められている。同法第27条では，施設や設備の安全点検や，児童生徒への安全指導や職員の研修などに関する「学校安全計画」の策定が義務づけられている。また，第29条第1項では，危険等発生時に学校の職員がとるべき措置の具体的内容および手順を定めた「危険等発生時対処要領」を作成することが求められている。

　「危険等発生時対処要領」は，学校の場では危機管理マニュアルとも呼ばれる。危機管理マニュアルは，主として，事件や事故が起こる可能性が高くなってきたとき，あるいは万一の事件や事故が起こったときに，その被害を最小限にするための対処の仕組みについてまとめられた文書を指す。なお，事件や事故が起こる可能性が高い場合の予防的対処の仕組みは，リスク・マネジメント，事件や事故が起こったときの対処の仕組みは，クライシス・マネジメントと呼ばれる。

③学校における問題発生時の基本姿勢

　学校の児童生徒たちの安全が脅かされうる問題が生じた場合は，学校における危機管理に関する責任者（校長，教頭など）に対して速やかな報告や相談を行い，危機管理マニュアルをもとにすすめていく。その上で，関係者からの適切な情報取集をしつつ，文部科学省が推進するチーム学校の体制で，教育委員会，あるいは必要に応じて警察署，消防署などの危機対応を扱う機関，さらには保護者や地域社会との連携を図ることも必要とされる。さらには，学校はアカウンタビリティという観点から，必要に応じて，保護者や報道機関などに説明する責任があることも留意しておきたい。

④児童生徒に関するWebへの情報流出の原因究明

　児童生徒たちの個人情報に関する情報がWeb上に掲載された原因を，その情報源という視点から究明するならば，大きく二つの情報源に分類することができる。一つの情報源は，教員が児童生徒の記録のためにもつ情報である。そしてもう一つの情報源は，児童生徒たちに正当なかたちで提供された情報である。まずは，両者の可能性を考えながら，幅広い情報収集が求められる。

　もし，教員がもつ情報からの漏洩の場合，学校では個人情報保護の観点から，法律や条例に従い，学校苦情の処理を含めて，さまざまな迅速かつ適切な対応が求められる。この漏洩の原因については，あえて大別すれば，教員の過失によるものか，外部からの違法な情報収集によるものかに分けることができる。教員の過失の可能性として考えられることは，児童生徒たちのデータを直接扱っていた教員による杜撰（ずさん）な情報管理，あるいはそうした情報の紛失，たとえばUSBメモリの紛失などが考えられる。外部から違法に情報収集をされた可能性としては，成績情報の書類やデータなどの物理的な盗難や，あるいはコンピュータ上のデータに対する外部からの違法なアクセスなどを視野に入れなければならない。

　児童生徒たちに正当なかたちで提供された情報が，結果としてWebに流出した情報源となっている可能性もある。たとえばテストの成績に関するフィードバック情報の場合は，児童生徒たち同士の積極的な成績の開示がきっかけになっていたりすることはある。あるいは何らかのかたちで特定の児童生徒に返却されたテストに記載の得点が第三者に伝わったりしていることも考えられるだろう。

　すなわち，Webへの情報流出という現象には，さまざまな原因が考えられる。それだけに，多くの関係者への聞き取りを通じて，丁寧に究明をすすめていくことが重要である。

　なお，Web上に掲載された情報を調べることも，原因究明につながることがある。特に違法な情報収集がきっかけとなってWeb上に掲載されていることが疑われる場合は，警察署などの外部の専門機関に相談することが必要である。こうした相談を契機として，Webページの運営主体からの開示情報をもとに，当該ページのサーバの記録から発信元につながる証拠が得られることがある。

⑤被害を受けた児童生徒に対する支援

　情報をWeb上に掲載された児童生徒は被害者である。そこで，被害者としての支援も必要となる。情報を掲載されたことが，他者や社会に対する不安感や不信感となったりすることもありうる。特に，教員の目の前で，何らかの不安定な状態を示しているのであれば，ただちに気持ちを落ち着かせるための支援を優先させなければならない。当該の児童生徒に対する適応的な支援は，チーム学校の体制で，スクールカウンセラーや相談機関との連携のもとですすめていきたい。

　また，当該のWebページ上の情報が削除できるかどうかについては，当該ページの運営主体によって対応のあり方が異なる。可能な範囲でというかたちにはなるが，Web上の情報の削除に向けて支援し行動する姿勢を示したい。

⑥再発防止に向けた取り組み

　問題の解決がある程度一段落しても，その問題でのさまざまな経験を教訓としながら，再発防止に向けた取り組みが欠かせない。まず，教職員を対象とした研修を行うことで，個人情報の取り扱いについて，コンピュータ上にある情報保護のあり方とともに再確認をしたい。

　また，在学する児童生徒への情報モラル教育も必要である。個人の情報に対して，思慮分別

のない発信が，その情報に関わる当事者に甚大な被害を与えるのみならず，自らが重大な加害者になりうることを，あらためて学校全体で認識させる機会としたい。

特にWeb上に情報を掲載すると，それが拡散してしまい，削除や回収が不可能になることもある。安易な情報の掲載が，取り返しのつかない二次被害をもたらす可能性にも留意したい。

3 課題の解説

課題に示された事例においては，当該事例が生じる前に，学校内であらかじめ定められた危機管理マニュアルに基づいて，系統的かつ組織的に対応することが求められる。そして，実際の具体的な対応のあり方は，明らかになっていく事実に応じて，枝分かれする形で異なってくる。もっとも，本事例において学校規模で対応すべき内容を，大きな枠組みで表すならば，次のようにまとめられる。

1. 当該生徒を含む関係者への聞き取りによる情報収集および事実確認
2. 危機管理にかかる責任者（校長・教頭など）への報告および担当者との連携と協議
3. Webページ上の情報の確認および当該ページ運営主体への削除依頼などの対応
4. 当該生徒に対する初期の不安の解消や中長期的な心理的支援
5. 情報漏洩あるいはインターネット上への記事掲載に至った原因の究明
6. 外部機関（教育委員会，警察など）への相談および連携
7. 在学生徒や必要に応じて保護者などに対する説明
8. 校内教職員における情報保護のあり方や情報モラル教育に関する確認のための研修
9. 在学生徒に対する情報モラル教育の実施
10. 情報の拡散に伴う二次被害の可能性についての留意

こうした枠組みを踏まえつつ，チーム学校の体制のもとで，堅実に対応していくことが必要である。

4 再検討（ワークシート）

●先の課題に対するあなた自身の「回答」とその「理由」をあらためてまとめよ。

〈回　答〉

〈理　由〉

第3部
子どもの理解と学級経営

……………………………………………………

【課題8】～【課題13】

課題8　生徒個人の心身の問題への対応

> ◎課　題
> 担任している学級の子どもたちの，日頃の心身の様子や抱えている課題について，あなたならばどのような手立てで理解し支援するだろうか。具体的な手立てについて提案せよ。

1　検討（ワークシート）

●上の課題に対するあなた自身の「回答」とその「理由」をまとめよ。

〈回　答〉

〈理　由〉

●他者の意見を聞いた場合は，その「回答およびその理由」をまとめよ。

【他者の回答およびその理由】

〈回　答〉

〈理　由〉

〈回　答〉

〈理　由〉

〈回　答〉

〈理　由〉

〈回　答〉

〈理　由〉

2　関連資料

①生徒指導について

　生徒指導については，一人ひとりの生徒の健全な成長を促し，生徒自ら現在および将来における自己実現を図っていくための自己指導力の育成を目指すものである。生徒の人格を尊重し，個性の伸長を図りながら，社会的資質や行動力を高めるように指導援助しなければならない。

　また，『生徒指導提要』（文部科学省，2010）では，「教育実践が成果を上げるための大前提の一つは児童生徒の理解です。中でも生徒指導においては児童生徒理解そのものが教育的関係の成立を左右するといっても過言ではありません」と述べ「生徒指導においては愛と信頼に基づく教育的関係が成立していなければその成果を上げることはできません。そのため，生徒指導においては共感的理解が求められるのです」と書かれている。

　このことから，生徒指導として教師に求められる姿勢は，共感的理解を一人ひとりの生徒に示しつつ指導にあたるということである。

②生徒理解に必要な情報

　生徒を共感的に理解するには三点の情報に留意したい。一点目は生徒自身の成育歴や環境などについての情報である。とりわけ理解しておくべきことは家庭環境である。物理的，客観的な環境条件だけでなく，家族の人間関係や家庭の雰囲気なども知ることが重要である。

　二点目は，生徒のもつそれぞれの特徴や傾向についての情報である。個性や人格といわれるものは，極めて複雑であるため，その全体像を捉えるのは難しい。そこで実際の生徒指導では，「行動に対してどのような判断力があるのか」「感情の動きはどうか」「意志の強さはどうなのか」など，知・情・意の働きの事実に焦点を当てた上で，その背景となるさまざまな事実をできるだけ多角的・多面的に知るという姿勢が望ましい。それには，人格の発達についての一般的な傾向とその特徴について客観的・専門的な知識をもつことが必要である。

　また，生徒の興味や悩みは，日常生活に直接関連している。そのため生徒がどのようなことに興味をもっているのか，何に悩みをもっているのかを知ることは生徒の行動を理解する上で大変重要である。

　三点目は，生徒個人をとりまく集団や対人関係についての情報である。なぜならば，集団には，それを構成する個人の理解だけではとらえられない集団特有の問題があるからである。集団の理解は生徒理解の重要な一部である。そこで，交友関係の把握は，生徒指導においては特に重要で，どのような友人とどのような交際をしているのか，交友関係の中でどのような位置にいるのかを学校の内外を通して把握するのである。同時に，異性との交遊関係に関する情報を把握することも重要である。

③思春期の発達課題

　生徒を理解する上で，思春期の発達課題を理解しておくことは大変重要である。ここでは，紙面が限られているので，概略のみ述べる。

　思春期という時期は，第二次性徴期，第二次反抗期を含み，精神的にも身体的にも大きな変化を経験し，精神的に過敏な時期で，とても傷つきやすい時期でもある。大人と子どもの狭間にあり，見えない将来への不安を抱えながら，親からの精神的な自立に向けて悩み，絶対だった大人に対する否定が反抗というかたちで表現され，友人関係も内面を共有する仲間へと変わっていく。

発達課題として，①行動する仲間から内面を共有する仲間へと発展する友達関係，②肉体の変化と性的な成熟に付随するエネルギーの増大，③性格や容姿，能力などの自己像の形成，自我同一性（アイデンティティ）の確立，④自立と甘えの葛藤を経験しながらの親からの精神的自立，⑤見えない将来の進路選択に対する不安，などが挙げられる。

④教育相談

　学級担任・ホームルーム担任として教育相談を行うためには，①問題を解決する，②問題を未然に防ぐ，③心の発達をより促進する，などのスキルが必要である。また，教育相談的働きかけをより有効に展開するには，保護者との協力関係，校内のさまざまな教職員との連携が欠かせない。

　また，教育相談にはいろいろな方法がある。たとえば教員が生徒を呼び出して面接を行う「呼び出し面接」や生徒全員に定期的に実施する「定期面接」がある。これらは時間と場所をとって行う。しかし，時間と場所をとって行うだけが教育相談ではない。休み時間や清掃時間，教室，廊下，職員室，部活動の指導場面，学校行事場面などあらゆる機会を教育相談に活かすことができる。短いやり取りでも，生徒の心には深く響くものである。

　生徒は常に成長しており，また学校では把握しきれない家庭生活や学校外の生活があるので，問題を未然に防ぐことは決して容易ではない。しかし，何事も生じていないときに信頼関係を築いておくと，いざ何事かが生じたときに，問題解決が比較的円滑にいくものである。何事も生じていない時に直接・間接に信頼関係を積み重ねることが問題行動の早期発見・早期対応を可能にする。

⑤問題の早期発見・早期解決

　問題の早期発見・早期解決は，生徒理解や生徒指導で大変重要である。ではどうすればいいのか，ここでは，観察法について少し述べる。観察法とは，「児童生徒一人一人について，心身の健康状態を丁寧に観察すること」（文部科学省，2010）である。

　杉田（2016）は，具体的に三点を挙げて，以下のように述べている。一つ目は，「日常の些細な非言語メッセージのサイン」を受け取ることである。「朝の登校時に，表情や衣服の状態を確認することから始まり，休憩時間や給食時間，掃除時間の様子・態度の確認，帰りの会，部活動へ行く様子など，児童生徒の心理的な情動の変化は，表情や姿勢，衣服の状態を含めた児童生徒の身体からの非言語メッセージに表出されることが多い」としている。二つ目は，「いつもと違うサイン」を受け取ることである。「児童生徒は些細な出来事で，変化することが多く，以前の様子と違うという教員の勘が，非常に重要である。休憩時間にいつもと違う友達と一緒に遊んでいる。給食を残す，連絡帳や生活ノートのコメント・提出状況など，以前と違う様子を示すこともサインである。この些細なサインを決して見逃してはならない」としている。三つ目は，児童生徒と他の児童生徒との相互作用時の関係性を見ることである。「児童生徒は，教師に対する態度と他の児童生徒に対する態度とは異なることがほとんどであるゆえに，関係性を確認することが大切である」と述べている。

　この三つの視点に立って生徒を観察し，いつもと違うという違和感を敏感にもつようにすることが大切である。もし違和感をもったときは，声をかけたり，面接をしたり，すぐに対処したりすることで，早期解決に至ることが多い。違和感をもつセンサーを磨くことは生徒理解・生徒指導にとって最も重要なことだと思われる。

3　課題の解説

　この課題では，子どもの日頃の心身の様子や課題について理解し，支援する具体的な手立てを提案することが求められている。以下では前節の関連資料を参考にしつつ考えてみたい。

　まず生徒を理解するためには，「②生徒理解に必要な情報」にあるような，家庭状況などの環境，個性や人格，友人関係などの情報が必要である。これらの情報をどのように入手するかを考える必要がある。また，「③思春期の発達課題」を参考に，その生徒の発達課題が何かを理解し全体としてその生徒を理解していることがポイントになる。これらをもとに，日常（何事も起こっていない時）の生徒の姿を把握しておくことが必要である。

　多くの生徒は何か問題があれば態度や表情に自然に表れる。日常をきっちり把握しているとその変化を見逃すことが少なくなる。そこで，変化を見逃さないための手立てを考えるとよいだろう。次に変化を感じたら，「⑤問題の早期発見・早期解決」などを参考にどのように対応するかを考える。早期に対応することは大変重要なので，できるだけ早期に対応できる方法を考える。その時，呼び出し面接は効果はあるが，呼び出し面接には抵抗を示す生徒もある。呼び出し面接でも話ができるようにするために，何事も起こっていない時から対策を考えておくとよいだろう。

4　再検討（ワークシート）

●先の課題に対するあなた自身の「回答」とその「理由」をあらためてまとめよ。

〈回　　答〉

〈理　　由〉

課題9　生徒指導における教員の言語表現

> **◎課　題**
>
> 下記の場面において，あなたが教員ならば子どもに対してどういった言葉をかけるだろうか。指導方針も踏まえながら，具体的な言葉を考えよ。
>
> ▶場面：たかおは一つのことに集中することができないのか，自分の与えられた課題をなかなか仕上げない。あなたは授業で単元の復習のための練習問題のプリントを配布し，それを子どもたちにさせている。数分後に彼らの様子を見に回ってみると，たかおの作業量は少ない。プリントに落書きをしていたようである。

1　検討（ワークシート）

●上の課題に対するあなた自身の「回答」とその「理由」をまとめよ。

〈回　答〉

〈理　由〉

●他者の意見を聞いた場合は，その「回答およびその理由」をまとめよ。

【他者の回答およびその理由】
〈回　答〉
〈理　由〉
〈回　答〉
〈理　由〉
〈回　答〉
〈理　由〉

【他者の回答およびその理由】
〈回　　答〉
〈理　　由〉

2　関連資料

①生徒指導としての言語表現

　生徒指導では，教育課程の内外で，一人ひとりの児童生徒の健全な成長を促すことが目指される（文部科学省，2010）。すなわち，教員が児童生徒に対して行うあらゆる具体的な働きかけが，そのまま生徒指導へとつながっていると考えてよいだろう。

　ところで一人ひとりの児童生徒はさまざまな個性をもっている。さらに，その彼らに対して，教員はさまざまな状況で関わることになる。そこで教員は，生徒指導上の具体的な働きかけの表れである児童生徒への言語表現について，指導上の幅広いレパートリーを習得しておくことが望ましい。その上で，こうした言語表現のレパートリーを，児童生徒の個性や，教員が直面する状況に応じて適切に使い分けることが望まれるのである。

②状況に適した言語表現

　生徒指導の言語表現を，教員が適切に使い分けるために留意すべき状況については，「確立期」「安定期」「不安定期」という三つの異なる状況を挙げることができる。「確立期」とは，組織が明確に打ち立てられる時期を指す。学校および学級では新学期に該当する。「確立期」では，児童生徒は，所属する学校や学級の文化や行動規範やそれらの根拠を学ぶ必要がある。同時に教員としては，それらをある程度詳細に説明する必要がある。西口（2014）は，「……するとプラスだよ」型（例：「きちんと話を聞けば，この問題はわかるよ」）や「……は大切なことだよ」型（例：「人の話を聞くことは大切なことだよ」）などといった，規範的な行動をとることに伴う肯定的な結果を示す言語表現が，児童生徒に受け入れられやすいことを明らかにしている。これらの表現は，学校および学級の文化や行動規範を伝える形式にもなっていることから，「確立期」に適した言語表現といえる。

　「安定期」と「不安定期」は，ナドラーら（Nadler et al., 1995）の組織論から導かれた概念である。「安定期」とは，組織が落ち着いた時期を指し，組織の維持および成長を目指すことができる状況を表す。これに対して「不安定期」とは，組織の維持が脅かされた時期を指し，安定した状態へと回復することに全力を注ぐべき状況を表す。「安定期」の学校や学級では，多くの児童生徒は，文化や行動規範をある程度内面化して行動している時期である。そのため望ましい行動および望ましくない行動とその理由について，教員からの詳細な説明を必要としない。ただし「安定期」でも，児童生徒からは規範逸脱の行動が表出されることはありうる。この場合，行動規範の教え込みよりも，自律性を育む言語表現で児童生徒と関わる意義は大きい。自律性を育む言語表現には，児童生徒に要求する行動を婉曲的に示唆する表現（例：「みんな頑張っているよ」）や，特定の行動の妥当性の判断を委ねる表現（例：「今，何をしなければいけないかな」）が知られる。規範逸脱の程度によっては，「確立期」に設定した行動規範を，再び教員が指導する必要もある。「不安定期」の学校や学級のもとでは，特定の児童生徒や学級集

団が，規範意識や適切な行動を見失い，不適応な状況に陥っている。「不安定期」には，「確立期」や「安定期」において用いられる言語表現とはかなり対照的な言語表現を用いる必要もある。たとえば，授業中に指名をされながらも発言できない児童生徒に，「落ち着いて考えていてすごいね」というような言語表現を用いるといった例である。本来，発言を期待したい教員にとって，いわば逆説的な表現をとるかたちであるが，カウンセリングの場では，リフレイミングという技法として知られる。なお「不安定期」では，その場の即時的な関わりだけで対応するということでは十分とはいえない。概して指導上の大きな変化が求められる傾向にある。個人や学級集団の状態によっては，教員や関係者のチームによる，時間をかけた組織的な対応を視野に入れることも必要となる。

③生徒指導の3側面

生徒指導については，「開発的生徒指導」「予防的生徒指導」「回復的（規制的あるいは対症療法的）生徒指導」からなる三つの側面に分類する視点（国立教育政策研究所生徒指導研究センター，2008）が知られる。これらの視点と，先述の「確立期」「安定期」「不安定期」との関連をまとめておくことにする。「確立期」では，学校や学級の行動規範を児童生徒に伝える必要がある。児童生徒および学級が，まずは安定していくことを最優先で考える時期とみなすならば，予防的生徒指導を主体とした指導が展開される時期だと位置づけられる。「安定期」では，自律性の育成を考慮に入れられる時期である。すなわち，開発的生徒指導を主体とした指導が可能になる時期であるといえる。「不安定期」は，特定の児童生徒や学級集団が，規範意識や適切な行動を見失い，不適応な状況に陥っている時期を指す。それゆえ，こうした状況下では，回復的生徒指導を主体とした取り組みが求められる。これらのことを，視覚的なイメージで表したのが図9-1である。

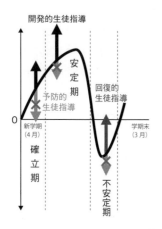

図9-1 生徒指導の3側面と「確立期」「安定期」「不安定期」との関連のイメージ

3 課題の解説

課題に示した場面は，授業中における生徒指導の場面である。教員は，授業中に練習問題のプリントを学級に配布して取り組ませていたものの，そのプリントに取り組まずに落書きをしていた「たかお君」を，机間指導の際に見つけたのである。さて「たかお君」に対して，いかなる言語表現を用いた具体的な指導を行うとよいだろうか。

西口（2007）の調査によれば，この場面では，さまざまな言語表現が教員に実践されているようである。具体例は表9-1のとおりである。

さてここでは，状況に適した言語表現を用いることを目指して，たかおのいる場面が「確立期」「安定期」「不安定期」のいずれに相当するかという観点を踏まえて考えてみよう。もし「確立期」であれば，行動規範を伝えることを重視する必要がある。表9-1の例の中では，「忠告・意見」のカテゴリーの例にある，「このプリントをすれば，次のテストに役に立つよ」といった，行動規範やその理由を踏まえる言語表現を選択した方がよいだろう。次に「安定期」では，自律性の育成にも留意できる時期である。表9-1の例であれば，「婉曲的な指示」や「判断の委ね」のカテゴリーに相当する言語表現は，自律性を支えるものとして位置づけられる。あるい

表9-1 言語表現のカテゴリーと具体例（西口（2007）をもとに作成）

カテゴリー名	カテゴリーの説明	具体例（課題の場面に沿った例）
指示	児童生徒への要求に即した指示をする。	「問題の続きをしようか」。 「早くやらなきゃいかんぞ」。
忠告・意見	児童生徒の特定の行動や様子に対して、忠告あるいは意見を示す。	「今はプリントをする時間だよ」。 「このプリントをすれば、次のテストに役に立つよ」。 「このプリントをしなければ、授業がさらにわからなくなるよ」。
怒鳴り・罵り	児童生徒の特定の行動や様子に対して、怒鳴ったり罵ったりする。	「こら！」。
罰の示唆	要求する行動をとらない児童生徒に対して、罰を示唆したり宣言したりする。	「できなかったところは、帰りに残ってやっていくんだよ」。
婉曲的な指示	児童生徒への要求に直接焦点を当てずに、要求する行動を遠回しに意図した語りかけをする。	「さあ、どこまで進んだかな」。
協力の示唆	児童生徒が直面している問題および課題の解決に向けて協力を示唆する。	「先生と一緒にやってみようか」。
譲歩	児童生徒に対する要求を一部あるいはすべてを引っ込めて、児童生徒の要求との調整をはかる。	「できる問題だけでいいから、やってみましょう」。
簡単な語りかけ・応答	児童生徒に対する要求やそれに従わせようとすることとは無関係の語りかけをする。あるいは児童生徒の言葉へ応答する。	「この問題はむずかしいね」。
問題点を探る問いかけ	児童生徒の特定の行動や様子を引き起こしている理由について問いかける。	「たかおくんどうしたの。問題がわからないのかな？」 「どうした、たかおくん。何か友だちとあったの？」
肯定	児童生徒の行動および様子について肯定的な見解および評価を示す。	「たかおくんは絵が上手だね」。 「今はプリントの問題をやりたくないのね」。
冷やかし・呆れ	特定の行動をとっている児童生徒に対して冷やかしたり呆れたりしていることを表明する。	「どれどれ、あまりできてないね」。
励まし	児童生徒が直面している問題および課題の解決に向けて励ましを与える。	「がんばるぞ」。 「みんな、がんばっているよ」。
判断の委ね	児童生徒による特定の行動や様子が望ましいのかどうかについて、児童生徒自身に判断を委ねる。	「今何をする時間なのか考えてごらん」。
不介入・静観	現前の児童生徒の行動や様子についてまったく関わらないか、あるいはしばらく見守る。	（黙ってたかおくんを見ている）

は規範意識が醸成されているとみなして、端的に「指示」のカテゴリーに相当する言語表現を伝えるだけでよいだろう。「不安定期」ではどうだろう。たかおが不適応な状態に陥っている時期であるが、たかおがどういった理由でそうなっているのかを分析する必要がある。たとえば、取り組むべき課題について、「したいけれども難しくてできない」のか「興味を失ってできない」のかによって対応は変わってくるだろう。あるいは課題に取り組むことに集中できない別の問題、たとえば対人関係上のトラブルが、課題に集中して取り組むことを阻害しているという可能性もあろう。それゆえ「問題点を探る問いかけ」で様子をうかがいつつ「協力の示唆」や「励まし」などの言語表現が必要となる。場合によっては「肯定」のような逆説的な介入が有意義なこともある。たかおの現状をアセスメントした上で適切な対応が望まれる。

4　再検討（ワークシート）

●先の課題に対するあなた自身の「回答」とその「理由」をあらためてまとめよ。

〈回答〉

〈理由〉

課題 10　いじめについての対応

◎課　題

担任している学級でのいじめを予防したり対応したりするために，あなたならばどのような取り組みをするだろうか。具体的な手立てについて提案せよ。

1　検討（ワークシート）

●上の課題に対するあなた自身の「回答」とその「理由」をまとめよ。

〈回　答〉
〈理　由〉

●他者の意見を聞いた場合は，その「回答およびその理由」をまとめよ。

【他者の回答およびその理由】
〈回　答〉
〈理　由〉
〈回　答〉
〈理　由〉
〈回　答〉
〈理　由〉
〈回　答〉
〈理　由〉

2 関連資料

①いじめの定義

いじめ防止対策推進法第2条第1項では、いじめを「児童等に対して、当該児童等が在籍する学校に在籍している等当該児童等と一定の人的関係にある他の児童等が行う心理的又は物理的な影響を与える行為（インターネットを通じて行われるものを含む。）であって、当該行為の対象となった児童等が心身の苦痛を感じているもの」と定義している。

このことから、たとえ加害者が、「悪意のないからかい」や「悪ふざけ」と言っても、その行為を受けた子どもが心理的または物理的に苦痛を感じている場合、教員は「いじめ」として対応しなければならない。そして、「いじめは人間として絶対に許されない」との意識を、学校教育全体を通じて、児童生徒一人ひとりに徹底しなければいけない。

②いじめの現状

図10-1は、文部科学省「平成27年度『児童生徒の問題行動等生徒指導上の諸問題に関する調査』（確定値）」のデータで、平成27年までのいじめ認知（発生）件数を示している。図10-1において件数が増えたところがあるが（平成6年、18年）、これはいじめの定義の変化に伴うものである。平成18年度以降年々減少傾向にあるが、平成24年は急増している。これは、実際にいじめが急増したのではなく、平成23年に起きた大津市のいじめ自殺事件を受け、これまで訴えることができなかった児童生徒も訴えやすくなったことや、各都道府県教育委員会がいじめ自殺事件を受けて積極的にいじめを把握しようと努力したことに伴うものである。

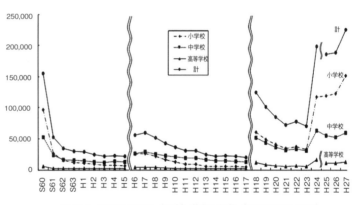

図10-1　いじめの認知（発生）件数の推移（文部科学省, 2015）

③いじめの構造と実態

いじめは、加害者と被害者だけで成り立つのではなく、はやし立てたりして面白がって見ている観衆、見て見ぬふりをしている傍観者の四層構造をなしている。周りで見ている子どもたちは、否定的な反応を示せば、「いじめる子」への抑止力となり、はやし立てれば、いじめの炎に油を注ぎ込む存在である（図10-2）（森田, 2015）。

傍観者は、いじめ対策を考える上で大変重要な役割を担っている。しかし、傍観者の中には自分が標的になるのではないかと恐れたり、同調圧力により傍観者的になったりしてしまうものもいる。傍観者の心理を考えると仲裁は難しいかもしれないが、通報者になることはできる。身近な大人や教員に通報する

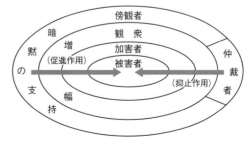

図10-2　いじめ集団の四層階層モデル（森田, 2015）

ことによって，被害者だけでなく加害者も救うことになることを予防教育として知らせておく必要がある。ただ，それには，通報を受ける教員側，学校側の体制を整えることが必要で，常日頃から児童生徒と気軽に相談できる体制をつくっておくことが重要である。

　また最近のいじめでは，被害者と加害者の立場が固定しているとも限らず，加害者が急に被害者になったり，被害者が加害者になったりという流動性があることも知っておくことが必要である。さらに現在では，携帯電話やスマートフォンを使ったネットいじめが大きな問題になっていることにも留意したい。

④いじめの早期発見と早期対応

　文部科学省（2006）の通知「いじめ問題への取組の徹底について」では，いじめの早期発見・早期対応の重要性を指摘している。そして，いじめは「どの学校でも，どの子にもおこり得る」問題であることを十分認識し，いじめが生じた際には，学級担任などの特定の教員が抱え込むことなく，学校全体で組織的に対応することが重要であると述べている。

　いじめに対する初期対応はきわめて重要で，いじめ介入で最も大切なことは，いじめ被害者を保護することである。兆候を察知したらただちに介入し，その際に事実関係を把握し，記録しておきたい。特に，発達障害や特別支援教育が必要な児童生徒がいじめの対象になることも多くあり，常に注意をしておく必要がある。

⑤いじめる心理

　いじめの背景にあるいじめる側の心理を読みとることは大変重要である。いじめる側の心理の視点から児童生徒の生活を見ることでいじめの未然防止にもつながる。

　『生徒指導提要』（文部科学省，2010）では，いじめの衝動を発生させる原因として，①心理的ストレス（過度のストレスを集団内の弱い者への攻撃によって解消しようとする），②集団内の異質な者への嫌悪感情（凝集性が過度に高まった学級集団などにおいて，基準から外れた者に対して嫌悪感や排除意識がむけられる），③ねたみや嫉妬感情，④遊び感覚やふざけ意識，⑤いじめの被害者となることへの回避感情など，五点をあげている。

⑥被害者への対応

　いじめの被害は心身に大きな影響を与える。いじめによってできた傷は外から見えにくい心の傷であり，いじめが解消されたとしても心の傷は残ることがある。いじめ被害は精神疾患につながる場合もあり，また，いじめ被害によって，自らの命を絶つ子どももいる。そこで，石川（2010）は，以下の点に留意して教育相談をする必要があると述べている。①安全で，安心できる相談環境を用意する，②受容的，共感的にじっくり聴く，③いじめの被害者を責めない，④助言や指導を急がない，⑤保護者の協力を求める話し合いをする。

⑦加害者への対応

　加害者をつかまえて説教するだけでは十分ではなく，問題が解決するまで粘り強く，継続して教育相談を続ける必要がある。加害者も児童生徒の一人として，その後の将来を含めて対応することが重要で，いじめている子の不満や満たされない気持ちを理解し支援していくことが必要である。自分が抱えていた生きづらさや葛藤に気づいて，それを共感的に受けとめてもらえることで，いじめをやめる場合がある。

3 課題の解説

この課題では，学級でのいじめを予防・対応するための具体的な手立てについて求められている。いじめは教員の目の届かないところで起こるのがほとんどである。目の届かないところで起こるいじめの兆候をどう察知するかがポイントになる。

いじめに関しては常に多くの情報を収集し状況を把握しておくことが重要である。生徒は何か問題などがあると態度や表情に出ることが多い。そのような変化をとらえることも情報になる。また他の生徒や教職員からの情報から担任が知らない子どもの姿がみえてくる。早期発見・いじめの兆候を察知するため，いろいろな情報が入ってくる仕組みをどうつくるかを具体的に考える。

次に，いじめの構造を理解すると予防や早期発見に協力してもらえる層がいることを押さえておきたい。暗黙的にいじめを支持しているようにみえる傍観者に対して自分たちの行為がいじめ問題にどのようなかたちで影響を与えているかを考えさせることは重要である。この層は，いじめに対して快く思っていない生徒が多くいるが，そのほとんどが，自分がターゲットになることを恐れて行動がとれない。この層に対していかにアプローチし，彼らから安全に情報を収集できるかが鍵となる。

そして，学校でのストレスがいじめにつながる可能性は否定できない。このことを考えると，いじめの予防として，日頃から安心で安全な学級をいかにつくるかを考えたい。

4 再検討（ワークシート）

●先の課題に対するあなた自身の「回答」とその「理由」をあらためてまとめよ。

〈回　　答〉

〈理　　由〉

課題11　特別の支援を必要とする生徒に対する教育

◎課　題

特別の支援を必要とする生徒を，自身が勤務する学校の通常学級で支えていく場合，あなたはいかなることに留意しながら実践をするだろうか。具体的な手立ても含めてまとめよ。

1　検討（ワークシート）

●上の課題に対するあなた自身の「回答」とその「理由」をまとめよ。

〈回　答〉

〈理　由〉

●他者の意見を聞いた場合は，その「回答およびその理由」をまとめよ。

【他者の回答およびその理由】

〈回　答〉

〈理　由〉

〈回　答〉

〈理　由〉

〈回　答〉

〈理　由〉

〈回　答〉

〈理　由〉

2 関連資料

①特別支援教育

　障害のある生徒たちへの教育は，かつて国内では特殊教育として，主に盲学校，聾学校，養護学校や特殊学級といった場で行われていた。2006年に改正された学校教育法を受けて，2007年からは，特殊教育を受け継ぐかたちで特別支援教育が推進されることになった。特別支援教育という概念は，生徒たちの障害には重度・重複化や多様化がみられることもあり，一人ひとりの教育的ニーズに応じて適切な指導および支援を行うことが必要である，という考えのもとに示されたものである。

　特別支援教育のもと，盲学校，聾学校，養護学校を法律上で包括する特別支援学校が設置されることとなった。特別支援学校では，視覚障害，聴覚障害，知的障害，肢体不自由，病弱（身体虚弱）といった五種類の障害，さらには重複の障害をもつ生徒たちへの適切な介入のための教育基盤がつくられた。そして，障害の程度などに応じて，特別支援学校，特別支援学級，通級による指導，通常学級での指導が行われることとなった。

　特別支援教育の推進は，発達障害の生徒たちが支援対象として明確に位置づけられていく大きな契機ともなった。文部科学省が2012年に実施した「通常の学級に在籍する発達障害の可能性のある特別な教育的支援を必要とする児童生徒に関する調査結果」（文部科学省，2012a）では，知的発達に遅れはないが発達障害の可能性があって学習面または行動面で著しい困難を示す児童生徒が，学級全体の6.5％に相当することが明らかとなった。すなわちほとんどの通常学級で，特別な支援を必要とした障害のある生徒たちは在籍しているのである。この前提のもと，教員には特別支援教育の視点に基づいた指導や支援が求められるのである。

②インクルーシブ教育システム

　現在の日本では，障害の有無に関わらず，お互いの個性を尊重しあいながら，社会参加および貢献ができるという共生社会が目指されている。文部科学省（2012b）は，障害者の権利に関する条約や，障害者基本法を受けて，「共生社会の形成に向けたインクルーシブ教育システム構築のための特別支援教育の推進（報告）」について示している。この中で，インクルーシブ教育システムとは，人間の多様性を尊重し，障害者がもつ能力などを可能な最大限度まで発達させ，社会に効果的に参加することを可能とするという目的のもとで，障害のある者とない者がともに学ぶ仕組みを指す。この仕組みのもと，障害のある生徒たちは，教育の制度から排除されず，生徒たち自身あるいは保護者の意見を尊重しながら生活地域での初等中等教育の機会が与えられる。その上で，支援者にとって過度な負担にならない範囲での合理的配慮が提供される。

③発達障害

　発達障害の定義は，扱われる専門分野によって異なる。また，時代によっても推移がみられる。たとえば，医学分野に着目すると，自閉症に関連する診断名として，かつては自閉性障害，アスペルガー障害（症候群），レット障害（症候群），あるいはこれらの上位区分の広汎性発達障害といった診断名が用いられてきた。そして近年では，自閉症スペクトラム障害と総称される動向がみられる。

　また，国内の法律では，2005年に施行された発達障害者支援法の第2条において，発達障害とは「自閉症，アスペルガー症候群その他の広汎性発達障害，学習障害，注意欠陥多動性障害その他これに類する脳機能の障害であってその症状が通常低年齢において発現するものとして

政令で定めるもの」と定義している。なお同法の第8条では、国や地方公共団体に対して、発達障害児の年齢および能力に応じかつ、その特性を踏まえた十分な教育を受けられるようにするため、可能な限り発達障害児が健常児とともに教育を受けられるように配慮しつつ適切な教育的支援を行うことなどを求めている。

④アセスメント

一人ひとりの生徒に適切な支援を計画し実践するに先立ち、さまざまな情報について把握することを、近年の教育の場ではアセスメントと呼ぶ。特別支援教育の実践において、アセスメントが必要な理由は、障害を表す同じ診断名がついている生徒たちであっても、それぞれの特性は実のところさまざまだからである。

たとえば、発達障害に含まれる自閉症スペクトラム障害と診断される生徒の中には、他者の心を読み取ることが困難であったりする特性が強くみられる場合がある。あるいは、別の生徒では、特定のことがらに過度なこだわりがみられたりするといった特性が顕著にみられる場合もある。こうした特性の現れ方や、その特性に伴った障害の程度は、個々の生徒たちによって、かなり多様性がみられるのである。こうした例が示すように、障害をもった生徒たちに対して適切な指導や支援を行うためには、単に診断名から一義的な理解をするのではなく、あらかじめ個々の障害特性の適切な把握が必要なのである。

⑤個別の教育支援計画と個別の指導計画

アセスメントの結果を踏まえ、個々の生徒たちに対する指導および支援を行うにあたって立てる計画は、個別の教育支援計画および個別の指導計画という。個別の教育支援計画は、学校と各種機関との連携のもとで、障害のある個々の生徒のニーズに応じた支援を効果的に行うための長期的な計画を指す。これに対して個別の指導計画は、障害の特性に応じて、学習指導要領に基づいた指導目標、内容や方法を記した短期的な計画である。

特別支援教育においては、先の例のとおり、診断名の上では同じ障害と位置づけられてしまう生徒たちでも、その特性はかなり異なる。そこで、アセスメントを通じて得られた情報をもとに、個別の教育支援計画およびそれを踏まえた個別の指導計画を作成し、その計画のもとで実践をすることが望まれるのである。

⑥二次障害の予防

障害をもつ生徒たちは、特性そのものに基づいた生活上の困難に遭遇するだけではない。障害特性に伴った困難が、本人の無力感をもたらしたり、あるいは周囲からの誤解により対人関係に支障が生じたりすることもある。障害特性が影響する困難が起因して、別の困難が生じる現象を、二次障害と呼んでいる。とりわけ、通級による指導を受ける生徒たちや、発達障害の可能性のある通常の学級の生徒たちにおいては、他の生徒たちとの関係性の困難を通じた二次障害の予防に留意したい。

⑦周囲との連携

学校においては、日頃より、学校内はもとより、学校外のさまざまな専門家との情報交換およびその共有を意識しながら、組織的な取り組みで、一人ひとりの生徒たちを支えていくことが期待される。とりわけ特別支援教育においては、生徒たちの障害の程度に応じて、学校内外との連携を図りながら、指導や支援をすすめていくことが必要とされる。学校では、具体的な

仕組みとして，文部科学省が推進するチーム学校のもと，連携の基盤となる体制として，特別支援教育に関する委員会が設置される。そして，こうした委員会の運営や，研修会の企画運営，さらには保護者に対する連絡窓口ならびに学内外との連絡調整は，各学校で指名される特別支援教育コーディネーターが主として担う。各教員は，特別支援教育コーディネーターとの情報共有をはじめとした連携を心がけたい。

3　課題の解説

　特別支援教育に関する制度化やインクルーシブ教育システムの構築がすすめられる中で，すべての教員が個別の教育的ニーズに応じて適切な指導および支援の担い手であることを念頭に置いておきたい。その上で，障害をもつ生徒たち，一人ひとりの障害の特性が異なることを留意したい。そのため，アセスメントのデータを踏まえつつ，教員自らも，生徒たちとの関わりの中で，実態を把握しながら特性を理解していく姿勢が求められる。その上で，個別の教育支援計画，個別の指導計画を踏まえながら，生徒たちの個別のニーズに合った指導および支援をすすめていくのである。

　指導および支援の過程においては，専門性をもった視点も必要である。そのため校内外の研修等を通じた専門性の向上の姿勢は欠かせない。また物理的にも一人の教員で対応するのには，おのずと限界もある。そこで，特別支援教育コーディネーターならびに専門家等との連携を図ることも欠かすことができない。このようにして，生徒たちが二次障害になることも予防しながら，日々の学級経営や授業づくりをすすめていきたい。

4　再検討（ワークシート）

●先の課題に対するあなた自身の「回答」とその「理由」をあらためてまとめよ。

〈回　　答〉

〈理　　由〉

課題12　進路指導の理論および方法

> ◎課　題
>
> 学校でキャリア教育の実践をする場合，あなたはいかなることに留意するだろうか。具体的な手立ても含めてまとめよ。

1　検討（ワークシート）

●上の課題に対するあなた自身の「回答」とその「理由」をまとめよ。

〈回　　答〉
〈理　　由〉

●他者の意見を聞いた場合は，その「回答およびその理由」をまとめよ。

【他者の回答およびその理由】
〈回　　答〉
〈理　　由〉
〈回　　答〉
〈理　　由〉
〈回　　答〉
〈理　　由〉
〈回　　答〉
〈理　　由〉

2　関連資料

①キャリア教育

　国内の学校における進路指導は，中央教育審議会（1999）の「初等中等教育と高等教育との接続の改善について（答申）」の中で用いられたキャリア教育という概念を軸に，文部科学省（2004）による報告を受けて推進されてきた。従来の進路指導のもとでは，進路選択および決定を間近に控えた生徒たちへのいわゆる出口指導に大きな力点が置かれていた。キャリア教育という概念が教育の場で用いられることにより，小学校の段階から発達段階や個人差を踏まえて，キャリア発達と進路決定につながる各種の指導を系統的に行っていくことが重視されることとなった。

　ここでいうキャリアとは，スーパー（Super, 1980）の「特定の人間が生涯を通じて遂行する様々な役割（子ども，学習者，余暇人，市民，労働者，配偶者，家事従事者，親，年金受給者など）の組み合わせと連続」という定義に概ね沿うものである。そしてキャリア発達は，年齢や生活段階に相応しい役割を果たしながら自己実現していくというプロセスを指す。その上で，目下推進されているキャリア教育は，中央教育審議会（2011）の答申に示された，「一人一人の社会的・職業的自立に向け，必要な基盤となる能力や態度を育てることを通して，キャリア発達を促す教育」である。キャリア，キャリア発達，キャリア教育の各概念について，「生涯を通じて道を歩く人」に例えて説明したい。キャリアとは，人生で演じるさまざまな役割の名称が街路名となった道路網に例えられる。キャリア発達は，個人の年齢や生活段階に相応しい道路網上のいずれかの場所に到達しつつ，目標に向けて歩みを進めていくプロセスに相当する。そしてキャリア教育は，現在進んでいる道路網上の場所から，自らが選ぶより凹凸のある道，山や谷，時には断崖などへ歩みを進めていくのに必要な能力や態度を育てることに例えるとよいだろう。

　なお，キャリア教育に類似した概念として，職業教育が知られる。教育の場において職業教育の概念が用いられる場合，職業に従事するために必要な知識や技術の習得を目指した教育を指していることが多い。ただ，職業教育が，個人の社会的・職業的自立に向けて，必要な基盤となる能力や態度を育てるという観点で行われているのであれば，キャリア教育に包含される教育活動と位置づけることができるだろう。

②キャリア教育で育てる能力

　キャリア教育を通じて育てるべき基盤となる能力については，国立教育政策研究所生徒指導研究センター（2002）の「4領域8能力」をもとにして，先述の中央教育審議会（2011）によって提示された「基礎的・汎用的能力」が重視されている。「基礎的・汎用的能力」は，「仕事に就くこと」に焦点が当てられ，分野や機種に関わらず，社会的・職業的自立に向けて必要な基盤となる能力を指す。その上で，「人間関係形成・社会形成能力」「自己理解・自己管理能力」「課題対応能力」「キャリアプランニング能力」の四つの能力に整理されている。それらの能力の概要は，表12-1に示すとおりである。

③キャリアカウンセリング

　キャリア教育は，指導的な側面であるキャリアガイダンスと，支援的な側面であるキャリアカウンセリングに大別できる。別な言い方をすれば，キャリア教育では，一人ひとりの自律的なキャリア発達を促す指導が重要であるが，必要に応じて，個人の社会的・職業的自立に向け

表 12-1 「基礎的・汎用的能力」の概要 (中央教育審議会, 2011)

能　力	概　要
人間関係形成・社会形成能力	多様な他者の考えや立場を理解し，相手の意見を聴いて自分の考えを正確に伝えることができるとともに，自分の置かれている状況を受け止め，役割を果たしつつ他者と協力・協働して社会に参画し，今後の社会を積極的に形成することができる力。
自己理解・自己管理能力	自分が「できること」「意義を感じること」「したいこと」について，社会との相互関係を保ちつつ，今後の自分自身の可能性を含めた肯定的な理解に基づき主体的に行動すると同時に，自らの思考や感情を律し，かつ，今後の成長のために進んで学ぼうとする力。
課題対応能力	仕事をする上での様々な課題を発見・分析し，適切な計画を立ててその課題を処理し，解決することができる力。
キャリアプランニング能力	「働くこと」の意義を理解し，自らが果たすべき様々な立場や役割との関連を踏まえて「働くこと」を位置付け，多様な生き方に関する様々な情報を適切に取捨選択・活用しながら，自ら主体的に判断してキャリアを形成していく力。

た支援も要するのである。そして，特に個人の自立を支援する場合，キャリアカウンセリングを通じて，本人の生涯を通じて遂行する役割という大きな視点から，個人の適性および目標と，社会に存在する職業との適合性を支えていくのである。

④インターンシップ・職場体験・職場見学

　学校が，学外の企業や地域などと連携して，職場や働く人たちと生徒たちが直接的に関わることができる体験活動の機会を提供することは，キャリア教育として有意義な取り組みである。文部科学省国立教育政策研究所生徒指導・進路指導研究センター（2016）の調査によれば，生徒たちは，体験活動を通じて，職業に対する関心を高め，さらには日頃の学習意欲を高め，自己の生き方や進路について高い意識で向き合うことにつながることが期待できることを示している。

　体験活動は，インターンシップと職場体験に大別することができる。インターンシップは，職場で働くことを通じて，職業に関する基本的な知識や技術を習得することを目指して行われるもので，主に高等学校において実施される。職場体験は，働くことを体験することで，職業観を身につけることを目指して行われるものである。中学校における実践が主としてみられる。さらに，小学校での取り組みとしてしばしば行われる職場見学は，働く体験こそ行わないが，職場や働く人を実際に見ることを行うものである。

⑤キャリア教育の評価

　一般的な教育活動と同様に，キャリア教育においても生徒たちに対する評価は重要である。評価においては，取り組みの前から計画的に，各活動の目的にかなった規準，基準を用いて行うことが求められる。そして，基礎的・汎用的能力も踏まえつつ，多様な観点での評価規準の設定が望まれる。なお，評価の実施は，生徒たちの変化を理解することにつながるが，同時に，キャリア教育の効果の検証にもなりうることを留意しておきたい。

3　課題の解説

　まずは，キャリア発達という視点のもと，いかなる能力を育むかの短期的，中長期的視点を踏まえて設定した評価の規準をもとに，教育計画を立てることが求められる。基礎的・汎用的能力をもとに評価の規準を考えるならば，次のような取り組みが考えられる。たとえば「人間関係形成・社会形成能力」を育むための手立てとしては，グループディスカッションを通じた

授業づくりが考えられるだろう。具体的には総合的な学習の時間の中で，4人前後で1グループとなって，「働くことにはいかなる意義があるか」などの職業観について話し合うといった取り組みである。なお「人間関係形成・社会形成能力」は，各教科での協働的な学びの実践によっても育まれることが期待できる。「自己理解・自己管理能力」のうち，自己理解を育む手立てとしては，心理検査を活用する実践を挙げることができる。キャリア教育のもとで活用しうる心理検査には，適性検査，職業興味検査，性格検査に相当するものがある。こうした検査は，生徒たちが自身の特性を理解することにつながるのみならず，教員の生徒理解を支えることにもつながる。また日頃の学校生活の中で時間やルールを守ることへの意識を高めさせるような学級経営を行うことは，自己管理能力を育むことへとつながる。「課題対応能力」を育む手立てとしては，キャリア発達上に起こりうる具体的な問題，たとえば対人関係上の問題や，職業上の重要な判断が迫られる問題を題材にした事例検討に取り組ませるといったことが考えられるだろう。各教科においても，単元に応じた問題解決型の学習課題を設定し，その解決に向けて主体的に学ぶことを支える授業により，こうした能力を育むことへとつながる。「キャリアプランニング能力」を育む手立てとしては，自分史を踏まえたキャリアプランの構築をさせる取り組みが考えられる。具体的には，過去から現在までの自分のキャリア史をまとめさせる。そのことにより，特に自己の強みや弱みを把握することにつながる。その上で，将来の自分のキャリアプランを描かせ，自分の中長期的な目標および，それを達成するために必要な課題を明確にさせていくといった取り組みが可能だろう。さらに，こうした取り組みをより効果的にすすめるために，体験活動やキャリアカウンセリングなどの取り組みも並行して行いたい。

4　再検討（ワークシート）

●先の課題に対するあなた自身の「回答」とその「理由」をあらためてまとめよ。

〈回　　答〉

〈理　　由〉

課題 13　人権教育に基づく学級経営

◎課　題

人権を尊重する学級経営を行うとすれば，どういったことを留意すべきだろうか。具体的な手立ても含めてまとめよ。

1　検討（ワークシート）

●上の課題に対するあなた自身の「回答」とその「理由」をまとめよ。

〈回　答〉

〈理　由〉

●他者の意見を聞いた場合は，その「回答およびその理由」をまとめよ。

【他者の回答およびその理由】

〈回　答〉

〈理　由〉

〈回　答〉

〈理　由〉

〈回　答〉

〈理　由〉

〈回　答〉

〈理　由〉

2 関連資料

①人権教育をめぐる状況

日本における人権教育は，部落差別を許さず，主体的に差別をなくしていこうとする人間の育成を目指して始まった同和教育に源流がある。被差別部落の子どもたちの教育のあり方や，被差別部落に対する差別と偏見の是正という理念や成果を継承・発展させながら，部落問題以外の人権諸課題の解決を目標に実践されてきた。すなわち，被差別部落の立ち上がりを軸に同和教育が人権教育を牽引し，今日の人権教育としての発展的再構築の基盤となっている。また国際的には，人権教育は，さまざまな人権条約など国際的な人権基準の実現を目指して展開される教育活動をさす。部落差別をなくすことは，国際人権基準に定める内容に合致するので，両者に本質的な違いはない。

②人権教育の指導方法などのあり方

人権教育の取り組みは，近年においては，2002年3月15日に『人権教育・啓発に関する基本計画』が閣議決定されたことを受けて，2008年3月に「人権教育の指導方法等の在り方について（第三次とりまとめ）」（以下「第三次とりまとめ」）が公表された（文部科学省人権教育の指導方法等に関する調査研究会議, 2008）。この「第三次とりまとめ」は，人権教育に関する文部科学省の初の公式文書であり，大きな歴史的意義をもっている。これまでの同和教育や人権教育の理論と実践を踏まえながら，これからの人権教育に必要な指導内容・方法とともに，その体系的推進に不可欠な観点を具体的に提示している。特徴は，人権教育を「人権に関する知的理解」と「人権感覚」の二つに分けてわかりやすく提示している点にある。このうち人権感覚については，「自分の大切さとともに他の人の大切さを認める」と明確に定義づけている。また，人権尊重の精神に立つ学校づくり（図13-1）や学校における人権教育の組織的な取り組みのあり方（図13-2）も具体的に説明されている。

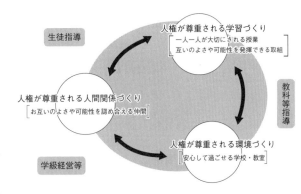

図13-1 人権尊重の視点に立った学校づくり
（文部科学省人権教育の指導方法等に関する調査研究会議, 2008）

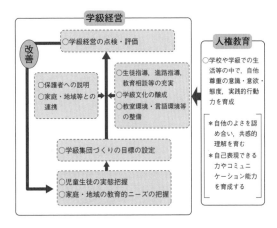

図13-2 学級経営と人権教育
（文部科学省人権教育の指導方法等に関する調査研究会議, 2008）

③学級および学級経営

学級は，学校の教育活動が日常的に行われる基礎的な単位集団である。児童生徒にとっては，

学級が学校生活の基盤になることが多く，学習の場であると同時に生活および人間関係の場でもある。そのため学級担任は，児童生徒の学習と生活および人間関係の両面にわたる指導に責任を負い，学級の児童生徒の実態をつかみ，指導方針を立て展開していく学級経営に取り組むことが求められる。すなわち学級経営は，児童生徒の状態や授業の成否を左右する重要な教育活動の柱なのである。

④人権の視点に立った学級経営

児童生徒の学習の場や生活の場での行動や態度は，彼ら自身の人間関係に関する一般的な行動や態度と大きく関連していることが多い。そのため学習や生活の場である学級は，学校における人権教育の基盤となるのである。したがって，児童生徒が日頃から人権意識を高めた行動や態度がとれるように育てるには，学級経営のあり方が重要になるのである。

学級経営を進めるにあたっては，後述する集団づくりの視点をもとに，まずは人権を尊重する行動や態度の基盤となる自己と他者の自尊感情を育てること，互いの良さを認め合い，共感的理解を育むこと，自己表現をできる力やコミュニケーション能力の育成が求められる。そしてこのことを通じて，学級内に生じるさまざまな課題について，児童生徒が人権尊重の視点に立って解決を図ることができる実践的な行動や態度を育むのである。

仮に人権の視点に立った確かな学級経営がなされなければ，いじめや不登校，学級崩壊などの問題が生じるおそれがある。児童生徒が人権を尊重する行動や態度を形成し，彼らが互いに一人ひとりのよさを見出すことで，こうした問題の予防にもなるのである。

⑤集団づくりと人権感覚

集団づくりとは，1950年代より同和教育や生活綴り方教育の中で主に培われてきた教育実践のことである。特に同和教育では，被差別の状況や厳しい家庭状況にある子どもたちなど，さまざまな教育課題を抱えた子どもを中心に据えて，子どもたち同士がつながる集団づくりを進めてきた。仲間づくり，人間関係づくりと呼ぶこともある（中野，2003）。

ところで，こうした集団づくりは，先述した人権感覚を育んでいくための取り組みであるともいえる。たとえば，児童生徒は，一人ひとりがさまざまな思いや願いをもっている。それぞれが自らの思いを語り，仲間の思いを知り，仲間のために自分たちで何か行動していく営みの中でこそ，児童生徒の思いや願いは「糸」となって相互につながることができる。そして，こうしたつながりの実感を彼らが重ねることにより，人権教育が目指す人権感覚が育まれるのである。なお，人権感覚については，教職員自身が身につけておくことが前提となることは付言しておきたい。

3　課題の解説

人権尊重の視点に立った学級経営については，先に述べた「第三次とりまとめ」（☞前節「②人権教育の指導方法などのあり方」）の中で，以下のように取り上げられている。「人権教育の推進を図る上では，もとより教育の場である学校が，人権が尊重され，安心して過ごせる場とならなければならない」「学校においては，的確な児童生徒理解の下，学校生活全体において人権が尊重されるような環境づくりを進めていく必要がある」「そのために，教職員においては，例えば，児童生徒の意見をきちんと受けとめて聞く，明るく丁寧な言葉で声かけを行うことなどは当然であるほか，個々の児童生徒の大切さをあらためて強く自覚し，一人の人間として接

していかなければならない」「また，特に，児童生徒が，多くの時間を過ごすそれぞれの学級の中で，自他のよさを認め合える人間関係を相互に形成していけるようにすることが重要であり，このような観点から学級経営に努めなければならない」。これらには，集団づくりを行う上での重要な要素が含まれている。

集団づくりの観点からみた学級経営の具体的な取り組みには，以下のことが挙げられる。

1. 学級開き：児童生徒とのはじめての出会いの場である。ここでの学級担任の「第一声」が，今後の学級経営の成否を決めるといっても過言ではない。まず学級担任が自己開示し，どんな学級にしたいかを語る。そして新しいスタートにかける児童生徒の思いを聴くことがポイントである。
2. 学級目標づくり：全員が共通した目標として練り上げていく。安心安全が感じられる学級づくりの意識づけが大切である。
3. 肯定的評価：児童生徒一人ひとりを理解した上で，児童生徒の姿を肯定的にとらえる。自尊感情の育成，他者とのつながりを土台にすることが必要である。
4. 生活班づくり：お互いの生活が語られ，生活が見える班を目指す。定例の班長会議を開催し，学級の状況を話し合い，方針を策定する。
5. 学級通信：学級づくりの課題や方向性を児童生徒・保護者に発信する。つながりづくり，集団づくりの羅針盤となる。
6. 「見つめる」⇒「語り合う」⇒「つながり合う」のプロセス：「見つめる」とは，教員が，個人懇談や家庭訪問，日常のトラブルの中で児童生徒たちの願いやくらしを見つめる。児童生徒たちが，さまざまな人・もの・こととの出会いを通して自分の思いを見つめることである。「語り合う」とは，日常の活動やトラブルを児童生徒たちの思いを伝え合うチャンスと捉え，思いを伝え合う場を仕組む。さまざまな人・もの・こととの出会いを通して，児童生徒たちが感じた思いを共有する。「つながり合う」とは，児童生徒同士が日常的に関わり合う場を仕組み，児童生徒たちが自分たちの願いや思いを実現するための活動や発信の場をつくるものである。

4　再検討（ワークシート）

●先の課題に対するあなた自身の「回答」とその「理由」をあらためてまとめよ。

〈回　　答〉

〈理　　由〉

第4部
学習指導の方法

....

【課題 14】〜【課題 31】

課題14　国語科教育法

> **◎課　題**
> 次の分野の授業を計画および実践するにあたって留意すべきことがらについて考えよ。
> 〈高等学校学習指導要領　古典A〔第1学年〕2内容　古今和歌集仮名序〉
> (1) 次の事項について指導する。
> ア：古典などに表れた思想や感情を読み取り，人間，社会，自然などについて考察すること。
> イ：古典特有の表現を味わったり，古典の言葉と現代の言葉とのつながりについて理解したりすること。（文部科学省, 2015）

1　検討（ワークシート）

●上の課題に対するあなた自身の「回答」とその「理由」をまとめよ。

〈回　答〉

〈理　由〉

●他者の意見を聞いた場合は，その「回答およびその理由」をまとめよ。

【他者の回答およびその理由】

〈回　答〉

〈理　由〉

【他者の回答およびその理由】

〈回　　答〉

〈理　　由〉

〈回　　答〉

〈理　　由〉

〈回　　答〉

〈理　　由〉

2　関連資料

先の課題を考えるための資料として，当該分野に関する学習指導案を以下に示す。

国語科学習指導案

学校名：○○市立○○高等学校
指導者 職・氏名：○○　○○　教諭　　　実習生氏名：○○　○○

指導日時・教室：平成○○年　　○○月　○○日（○曜日）　第○校時
対象生徒・集団：1年○組　○○人（内訳：男子○○人，女子○○人）

1　単元（題材）名
古今和歌集仮名序冒頭部分（岩波文庫本　9～10頁）

2　単元（題材）の目標
日本における文学論の嚆矢である古今和歌集仮名序を読むことで，和歌とは何か，和歌の効用とはどのようなものなのかについて考察する。歴史的仮名遣いや古語，古典文法の知識を読解に用いて読むことで，古語と現代語との連続性についての理解を深める。

3　指導にあたって

(1) 生徒観
古典に親しむ機会が少ないために，古文を未知の外国語のように感ずる生徒が多い。仮名遣い，語彙，文法ともに，古文の基礎となる要素が多い題材であるので，それぞれの課題に取り組ませると同時に，「古文が理解できた」という達成感をもたせることで，意欲を高め，基礎力の定着を図りたい。

(2) 教材（題材）観
古今和歌集仮名序は，係り結びや動詞の活用など，古典文法の法則がそのまま適用できるメリットがある。また古語についても辞書での意味調べの容易なものが多い。本題材では，和歌が人の心を景物に託して詠むものであり，そこには人間の心を慰藉するなどといった効用があることを，読解と並行して理解できるようにしたい。

(3) 指導観
歴史的仮名遣いではハ行転呼音，ワ行音，四つ仮名が，文法では二段活用および助動詞「なり」「けり」などがわかると，平安時代の古文は比較的読解が容易となる。それにより，法則性さえわかれば古文は読めるということを実感させたい。

4 単元（題材）の指導計画（総時数 3 時間）

(1) 歴史的仮名遣いの確認を兼ねた音読，語彙，文法の確認
(2) 本文の精読（本時）
(3) 古典文学史の知識および古典文法の応用演習

5 単元の評価の観点

【関心・意欲・態度】
歴史的仮名遣いや文法の知識を用いて古文を読むことに関心をもち，問題解決に活用しようとする。

【思考・判断・表現】
「心に思ふ事を，見るもの聞くものにつけて，言ひいだせるなり」や「力をも入れずして天地を動かし」などといった，日本および中国の詩歌の本質を理解できる。

【技　能】
仮名遣いや用言の活用などにおける現代語との違いを説明できる。

【知識・理解】
助詞や助動詞の意味，用法を，品詞分類の方法を用いて理解し，読解に役立てる。

6 本時の指導と評価の計画（第2/3 時）

(1) 本時のねらい
古典文法の知識を用いた古文解釈ができる。和歌のもつ効用性について理解する。

(2) 準備・資料など
古今和歌集仮名序本文は，岩波文庫本のテキストに基づき校訂したものを事前に配布する。
前回の授業終了時に，本文の歴史的仮名遣いと，指定した古語の意味について古語辞典で調べることを宿題として課す。

(3) 本時の学習指導過程（☞下記別表を参照）

●本時の学習指導過程　別表

段階	時間	学習内容	教師の指導・留意点	生徒の学習活動	評価規準（観点・方法）
導入	10分	・宿題チェック ・本時の学習課題の設定 ・係り結びの法則の復習	・家庭学習をチェックする（仮名遣いの確認および，指定した古語の古語辞典での意味調べ）。 ・学習課題を板書する。 ・「係り結びの法則」を板書する。	・宿題を机上に出す。 ・答え合わせをする。 ・「係り結びの法則」を確認する。	〈評価1〉 「歴史的仮名遣いが理解できている」【関心・意欲・態度】（観察） 〈評価2〉 「古語辞典で古語の意味を正しく調べることができている」【思考・判断・表現】（確認）
展開	40分	・係り結びに着目した本文の解釈（強意，疑問の用法の理解） ・文法問題：「「言ひいだせるなり」を品詞分類しなさい」（助動詞「り」「なり」の知識の確認） ・「力をも入れずして天地を動かし～猛き武士の心をもなぐさむるは，歌なり」のくだりから，和歌のもつ効用性について考えさせる	・「か」の係り結びは，文脈によって「疑問」と「反語」とに分かれることに気づかせる。 ・机間指導をする。 ◎助動詞「り」が四段動詞およびサ変動詞の已然形に付くこと，断定助動詞「なり」が活用語の連体形に付くことを教える。 ・歌に感動することで，教戒や慰藉が得られることを考えさせ，自分の言葉で説明させる。	・「あり得ないことを疑問形で表現するのが「反語」である」ということに気づき，それに基づいた古文解釈を行う。 ・（言ひ＋いだせ＋る＋なり）という品詞分類を行った上で，「る」「なり」の用法について説明する。 ◎「る」の終止形「り」の接続および用法を知る。 ・「力をも入れずして天地を動かし」と「男女のなかをもやはらげ」とから，歌の効用を説明する。 ◎「教戒性」「慰藉性」などが和歌にあることを知る。	〈評価3〉 「「いづれか歌をよまざりける」を反語として解釈できることに気づく」【関心・意欲・態度】（観察） 〈評価4〉 「「る」「なり」の接続と用法とが正しく理解できている」【思考・判断・表現】（観察） 〈評価5〉 「文学的な感動が人間社会に影響を与えることに気づく」【思考・判断・表現】（観察）

3　指導の留意点

　高等学校における「古典A」指導の意義は，古典を読むことで日本の伝統と文化に対する理解を深め，生涯にわたって古典に親しむ態度を育てることにより，伝統的な言語文化を継承し，現代に生かすというものである。このことは，『高等学校学習指導要領解説　国語編』（文部科学省，2010）の「第5節　古典A」にも書かれている。その内容を踏まえて，この題材の指導においては，生徒たちが歴史的仮名遣いや古語，用言の活用や係り結びの法則などといった一定の手続きを踏むことで，古文が読めるようにすることを目指す必要がある。また指導に際しては，「風情のある景物や人事への感動が，詠歌行為につながる」という，文学的な問題についても触れてみたいものである。

4　再検討（ワークシート）

●先の課題に対するあなた自身の「回答」とその「理由」をあらためてまとめよ。

〈回　　答〉

〈理　　由〉

課題 15　数学科教育法

◎課　題

次の分野の授業を計画および実践するにあたって留意すべきことがらについて考えよ。

〈中学校学習指導要領　数学〔第 3 学年〕2 内容　B　図形〉
(3) 観察，操作や実験などの活動を通して，三平方の定理を見出して理解し，それを用いて考察することができるようにする。
　イ　三平方の定理を具体的な場面で活用すること。（文部科学省, 2015）

1　検討（ワークシート）

●上の課題に対するあなた自身の「回答」とその「理由」をまとめよ。

〈回　答〉
〈理　由〉

●他者の意見を聞いた場合は，その「回答およびその理由」をまとめよ。

【他者の回答およびその理由】
〈回　答〉
〈理　由〉
〈回　答〉
〈理　由〉

【他者の回答およびその理由】
〈回　　答〉 〈理　　由〉
〈回　　答〉 〈理　　由〉

2　関連資料

先の課題を考えるための資料として，当該分野に関する学習指導案を以下に示す。

数学科学習指導案

学校名：○○市立○○中学校
指導者 職・氏名：○○　○○　教諭　　　実習生氏名：○○　○○

指導日時・教室：平成○○年　　○月　○日（曜日）　第○校時
対象生徒・集団：3年○組　○○人（内訳：男子○○人，女子○○人）

1　単元（題材）名
第7章　三平方の定理　第2節　1 平面図形への利用
2　単元（題材）の目標
直角三角形の3辺の間に成り立つ関係に着目し，共通な性質を見出し，三平方の定理の意味や証明の仕方に関心をもち，それらを調べる。いろいろな図形の中に直角三角形を見出したり補助的に作り出したりするなど工夫して，問題解決に三平方の定理を利用する。
3　指導にあたって
(1) 生徒観
学習に対して真面目な生徒が多い。数学的な技術の内容が多い単元なので，既習事項を意識させながら，課題に取り組ませるとともに，「わかった，できた」という達成感をもたせることで，意欲を高め，基礎基本の定着を図っていきたい。
(2) 教材（題材）観
三平方の定理は，直角三角形の3辺の関係を一つの等式で簡潔に表現できる美しさをもつ定理である。その証明方法は200以上あるといわれており，それだけ人間にとって魅力的な定理である。
(3) 指導観
三平方の定理を知ることにより，今まで求められなかった線分の長さを求めることが可能になる。図形の中に有効な直角三角形を見出せば，三平方の定理を活用することで，平面図形の辺や長さや角度，面積，それに立体の体積などの計量ができるようになる。三平方の定理の学習で学んだ内容の有用性を強く実感させたい。
4　単元（題材）の指導計画（総時数9時間）
(1) 三平方の定理 …………… 3時間 (2) 平面図形への利用 ………… 3時間　（本時 1/3） (3) 空間図形への利用 ………… 3時間
5　単元の評価の観点
【関心・意欲・態度】
三平方の定理を用いて具体的な事象を捉えることに関心をもち，問題解決に活用しようとする。

【思考・判断・表現】
与えられた図形の中に直角三角形を見出したり，日常生活の場面で対象を理想化や単純化することで直角三角形とみなしたりして，三平方の定理を用いることで図形の性質などを考えることができる。
【技　能】
座標平面における２点間の距離や長方形の対角線の長さ，円錐の高さなどを求めることができる。
【知識・理解】
平面図形や空間図形の計量をしたり，直角をつくったりするなど，三平方の定理やその逆が用いられる場面を理解する。

6　本時の指導と評価の計画（第4/9時）

(1) 本時のねらい

三平方の定理を使って正方形の対角線の長さ，正三角形の高さを求めることができる。

(2) 準備・資料など

宿題プリント

(3) 本時の学習指導過程（☞下記別表を参照）

●本時の学習指導過程　別表

段階	時間	学習内容	教師の指導・留意点	生徒の学習活動	評価規準（観点・方法）
導入	10分	・宿題チェック ・本時の学習課題の設定 ・三平方の定理の復習	・家庭学習をチェックする（三平方の定理，長方形・三角形の面積）。 ・学習課題を板書する。 ・「三平方の定理」を板書する。	・宿題を机上に出す。 ・答え合わせをする。 ・「三平方の定理」を確認する。	
展開	35分	・1辺が4cmの正方形の対角線の長さの算出（正方形の対角線の算出）	・2辺と対角線で直角三角形ができることに気づかせる。 ・机間指導をする。 ◎一辺と対角線の関係を教える。	・直角三角形ができることに気づき，求め方を考え，説明する。 ◎一辺と対角線の関係を知る。	〈評価1〉 「2辺と対角線で直角三角形ができることに気づく」【関心・意欲・態度】（観察）
		・例題1：「1辺の長さが10cmの正三角形ABCの高さを求めなさい」（正三角形の高さの算出）	・どのように補助線を引くと直角三角形を作ることができるか気づかせる。 ・正方形と同様に直角三角形を使って高さを求めさせる。 ・机間指導をする。 ◎正三角形の辺と高さの関係を教える。	・三平方の定理が使える直角三角形を作るために補助線を引く。 ・三平方の定理を使って高さの求め方を考え，説明する。 ◎正三角形の辺と高さの関係を知る。	〈評価2〉 「正三角形に補助線を引くことで直角三角形をつくる」【思考・判断・表現】（観察）
		・問1：「例題1の正三角形の面積を求めなさい」	・机間指導をする。 ◎正三角形の辺と面積の関係を教える。	・問1を解く。 ◎正三角形の辺と面積の関係を知る。	〈評価3〉 「三平方の定理を使い正三角形の高さを求めることができる」【技能】（観察）
終結	5分	・本時のまとめ ・次時の予告	・正方形の対角線，正三角形の高さの求め方を確認する。 ・特別な直角三角形の辺の長さを求める。 ・宿題プリントの受け渡しをする。		

3 指導の留意点

　中学校数学科における「図形」指導の意義は，生徒たちが身の回りにあるさまざまなものについて，「形」「大きさ」「位置関係」という観点から捉え考察できるようにすることである。このことは『中学校数学学習指導要領解説　数学編』（文部科学省，2016）の「B 図形」にも書かれている。

　そこでこの単元の指導においては，生徒たちが観察，操作などの活動を通して，三平方の定理を見出して理解し，それを用いて考察することができるようになったかどうかが大切になる。そして，数学的な推論に関する能力を伸ばし，図形について見通しをもって論理的に考察できるようにすることを目指す必要がある。

　より具体的にいえば，生徒たちが三平方の定理の計算結果にばかりとらわれるのではなく，いろいろな図形の中に直角三角形を見つけ出せることができたかということが重要になる。直角三角形を見出すことができれば，その結果，線分の長さなどを三平方の定理を使って導きだすことへとつながるのである。

　また，指導においては同時に，直角三角形ならばどんな場合も斜辺の2乗が他の辺の2乗の和になるという自然界に存在する関係性の美しさ，数学の美についても触れてみたいものである。

4 再検討（ワークシート）

●先の課題に対するあなた自身の「回答」とその「理由」をあらためてまとめよ。

〈回　　答〉

〈理　　由〉

課題 16　英語科教育法

◎課　題

次の分野の授業を計画および実践するにあたって留意すべきことがらについて考えよ。

〈中学校学習指導要領　英語　内容（3）①エ　話すこと［やり取り］〉
（イ）日常的な話題について，伝えようとする内容を整理し，自分で作成したメモなどを活用しながら相手と口頭で伝えあう活動。（文部科学省，2017）

1　検討（ワークシート）

●上の課題に対するあなた自身の「回答」とその「理由」をまとめよ。

〈回　答〉
〈理　由〉

●他者の意見を聞いた場合は，その「回答およびその理由」をまとめよ。

【他者の回答およびその理由】
〈回　答〉
〈理　由〉
〈回　答〉
〈理　由〉
〈回　答〉
〈理　由〉

【他者の回答およびその理由】

〈回　　答〉

〈理　　由〉

2　関連資料

先の課題を考えるための資料として，当該分野に関する学習指導案を以下に示す。

英語科学習指導案

学校名：○○市立○○中学校

指導者 職・氏名：○○　○○　教諭　　　実習生氏名：○○　○○

指導日時・教室：平成○○年　　○月　○日（○曜日）　第○校時

対象生徒・集団：3年○組　○○人（内訳：男子○○人，女子○○人）

1　単元（題材）名

New Horizon English Course 3: Unit 3 Fair Trade Event

2　単元（題材）の目標

「フェアトレード」に関して読んだことをもとに，これまで経験したことや，すでにし終えていることについて述べることができ，理由をそえて気持ちを述べることができる。また，現在完了形を使用して，友達のこれまでの経験についてインタビューをし，その結果を発表することができる。

3　指導にあたって

(1) 生徒観

現在完了形は既習の文法事項であるが，友達のこれまでの経験についてやり取りさせることを通して，積極的なコミュニケーション活動を促し，現在完了形を「使える」という自信をもたせ，さらに発表させることを通して現在完了形の定着を図りたい。

(2) 教材（題材）観

「フェアトレード」という社会的な課題について，対話を聞き，英文を読むことを通して，世界の国々と日本の関係を考える教材である。さらに，生徒の日常生活中での経験について話し合うさまざまなコミュニケーション活動が，教材として提示されているため，それらを充分に活用するようにしたい。

(3) 指導観

これまでの経験について述べることや，友達の経験についてインタビューするというやり取りを通して，現在完了形という文法事項をコミュニケーション活動の中で定着させたい。また，社会的な課題を，生徒の日常生活の中で見つめ直し，考えたことや感じたことを，その理由とともに簡単な語句や文を用いてまとめさせることにより，英語でコミュニケーション活動を行う楽しさを実感させたい。

4　単元（題材）の指導計画（総時数 5 時間）

(1) Starting Out ……… 1 時間
(2) Dialog …………… 1 時間
(3) Read and Think …… 2 時間
(4) Activity …………… 1 時間（本時）

5　単元の評価の観点

【関心・意欲・態度】

「フェアトレード」という社会問題や「ガーナ」という国について関心をもつことにより，世界で起きている課題を身近なこととして捉えようとする。

【思考・判断・表現】

世界で起きている社会的な課題に対して，事実を知り，自分の意見や感じたこととその理由を，簡潔な語句や文を用いて英語で発表することができる。

【技　能】

経験したことについて，友達と英語でやり取りをしたり，発表したりすることを通して，現在完了形をコミュニケーション活動で活用することができる。

【知識・理解】

経験を尋ねるための現在完了形の疑問文と，その答え方が理解できる。また，自分の経験について付加的なコメントを話すことができる。

6　本時の指導と評価の計画（第 5/5 時）

(1)　本時のねらい

現在完了形を用いて，自身の経験について述べることと，友達のこれまでの経験についてインタビューし，その結果を英語でまとめることができる。

(2)　準備・資料など

インタビュー・シート，フェアトレード・マークの入った製品

(3)　本時の学習指導過程（☞下記別表を参照）

●本時の学習指導過程　別表

段階	時間	学習内容	教師の指導・留意点	生徒の学習活動	評価規準（観点・方法）
導　入	7分	・宿題チェック	・家庭学習をチェックする（本文の内容に関する英問英答）。回答を板書する。	・宿題プリントを机上に出し，答え合わせをする。	〈評価1〉「本文の内容を把握し，英語で答えること」【思考・判断・表現】（確認）
		・継続を表す現在完了形の復習	・現在完了形の疑問文と肯定・否定の答え方のモデルを板書する。	・現在完了形の疑問文と肯定・否定の答え方を確認する。	
展　開	40分	・実際の商品を手にしながら，経験を表す現在完了形を用いたやり取り（経験を表す現在完了形の形式の確認）	・「フェアトレード・マーク」の付いた商品をいくつか示し，現在完了形を用いて質問する。	・現在完了形の質問に対して，自分の経験について正しく答える。	〈評価2〉「自分の経験について，現在完了形を用いて答えることができる」【技能】（観察）
		・友達にインタビューする準備 (1)（説明とモデルの提示）	・インタビュー・シートを配布し，準備作業について説明する。モデル例を一つ板書し，疑問文と肯定・否定の答え方のモデルを示す。	・インタビュー・シートの「私」の欄に板書された質問を写し，自分の経験から肯定か否定の答えを作成する。	〈評価3〉「インタビュー・シートの作成に積極的に取り組む」【関心・意欲・態度】（観察）
		・友達にインタビューする準備 (2)（インタビュー・シートの作成）・インタビュー・シートを使用し，友達に英語でインタビューする（経験を表す現在完了形を使ったコミュニケーション活動）	・生徒の身近な経験に関する動詞句を提示する。・10分間で4名以上の友達に英語でインタビューし，メモをシートに書くよう指示する。答える際には，必ず1文のコメントを加える。	・尋ねてみたい経験に関する動詞句をシートに書き込む。・シートと鉛筆を持って教室内を歩きながら，4人以上の友達に英語でインタビューし，メモを取る。	〈評価4〉「英語でインタビューし，メモを取る」【関心・意欲・態度】（観察）
		・インタビュー・シートのまとめと提出（インタビュー・シートのメモから一つ選んで，友達の経験についての記述）	・インタビュー・シートのメモから一つ選び，シートの下部にある「友達の経験」の欄に，現在完了形の英文を1文と，それに関する友達の意見を1文ずつ書くように指示する。	・インタビュー・シートのメモから三人称を主語にした現在完了形の文と，経験に関する友達のコメントを書く。	〈評価5〉「コミュニケーション活動を通して得た情報を英語でまとめることができる」【思考・判断・表現／技能】（確認）
終　結	3分	・本時のまとめ	・日常のコミュニケーションの中で経験について「やり取り」することが多く，英語では経験について話し合う際に現在完了形が用いられることを確認する。		

3　指導の留意点

　中学校における英語科の指導においては，聞くこと，読むこと，話すこと（やり取り），話すこと（発表），書くことの五つの領域別に設定する目標の実現を目指した指導の実現が重要である。今回は，友達へのインタビューを通して，話すこと（やり取り）の指導に特に焦点を当てたものとなる。「経験」をインタビューすることを活動の中心に据えることにより，現在完了形に言語形式を絞り，定着させる文法事項を生徒に意識させることに留意する必要がある。コミュニケーション活動の中で，現在完了形を定着させると同時に，積極的にコミュニケーションを行う「関心・意欲・態度」に加え，英語でまとめる作業を通した「思考・判断・表現」の養成にも留意したい。

4　再検討（ワークシート）

●先の課題に対するあなた自身の「回答」とその「理由」をあらためてまとめよ。

〈回　　答〉

〈理　　由〉

課題 17　理科教育法

◎課　題

次の分野の授業を計画および実践するにあたって留意すべきことがらについて考えよ。
〈中学校学習指導要領　理科〔第1分野〕2 内容（3）電流とその利用〉
ア　電流
（ア）回路と電流・電圧
回路をつくり，回路の電流や電圧を測定する実験を行い，回路の各点を流れる電流や各部に加わる電圧についての規則性を見いだすこと。（文部科学省, 2015）

1　検討（ワークシート）

●上の課題に対するあなた自身の「回答」とその「理由」をまとめよ。

〈回　答〉

〈理　由〉

●他者の意見を聞いた場合は，その「回答およびその理由」をまとめよ。

【他者の回答およびその理由】
〈回　答〉
〈理　由〉
〈回　答〉
〈理　由〉

【他者の回答およびその理由】

〈回　　答〉

〈理　　由〉

〈回　　答〉

〈理　　由〉

2　関連資料

先の課題を考えるための資料として，当該分野に関する学習指導案を以下に示す。

理科学習指導案

学校名：○○市立○○中学校
指導者 職・氏名：○○　○○　教諭　　実習生氏名：○○　○○

指導日時・教室：平成○○年　　○月　○日（○曜日）　第○校時
対象生徒・集団：3年○組　○○人（内訳：男子○○人，女子○○人）

1　単元（題材）名
（3）電流とその利用　（ア）回路と電流・電圧

2　単元（題材）の目標
電流回路についての観察，実験を通して，電流と電圧の関係および電流の働きについて理解させるとともに，日常生活や社会と関連づけて電流と磁界についての初歩的な見方や考え方を養う。

3　指導にあたって
（1）生徒観
直列と並列について混同している生徒も多い。実際に自分で回路を作ることによって何が違うのかを体験させ，測定を通して違いを把握し，自身が作製した回路によって実験が成功するという達成感を与え，意欲向上を図りたい。またグループで話し合うことにより，自分の意見を他者に伝えること，他者の意見を受けて自身がどう思うかなどを体験させたい。

（2）教材（題材）観
直列と並列は取り組みやすい基本的な回路であり，自分自身で作製しその違いを体験することができる。また両回路を用いて電圧と電流を測定することで，電流が分岐されていることや抵抗が合成されていることを把握することができる。またこれらを組み合わせた回路も容易に作製することができ，応用範囲も広い。

（3）指導観
混同しやすい二つの代表的な回路を自身で作製させ，また測定させることにより，電気回路における電流や電圧の大切さを自らの手と頭で体験させ，教科書で学んだことが現実に起きていることを確認し，本当の理解を目指したい。

4　単元（題材）の指導計画（総時数9時間）
（1）直列と並列 ………… 3時間（本時2/3）
（2）電　　　流 ………… 3時間
（3）電　　　圧 ………… 3時間

5 単元の評価の観点

【関心・意欲・態度】
基本的な回路を自身で作製し，直列と並列の違いを理解し，実際に測定することで電流や電圧の違いを理解して活用しようとする。

【思考・判断・表現】
電流と電圧の違いを把握し，直列と並列の組み合わせを考えることにより，応用的な思考をする。また自身の考えを他者に述べ，他者の意見を受けて自身がどのように考えるかを経験する。

【技能】
直列・並列回路を自分で組むことができる。両者の組み合わせを自分で考えることができる。電流と電圧の違いを理解し，回路接続の際に注意して取り組める。

【知識・理解】
直列と並列の違いを理解し，電圧と電流の違いを学ぶことができる。

6 本時の指導と評価の計画（第2/9時）

(1) 本時のねらい
直列と並列回路を自身で作製し，両者の組み合わせを考えさせる。

(2) 準備・資料など
電池，電球，スイッチ，銅線

(3) 本時の学習指導過程（☞下記別表を参照）

●本時の学習指導過程　別表

段階	時間	学習内容	教師の指導・留意点	生徒の学習活動	評価規準（観点・方法）
導入	10分	・直列と並列の復習 ・回路の作製 ・両者の組み合わせ	・直列・並列の基本回路を回路図などで板書する。 ・接続の仕方などを注意する。	・回路図で復習する。 ・実験器具を手にとる。	
展開	35分	・電池を一つ，電球を二つ用いた直列と並列回路の作製	・電池を二つ，電球を一つ用いてもよい。	・自身で並列・直列回路を作製する。 ・直列と並列で明るさが違うことを確認する。	〈評価1〉 「直列と並列回路を作製できる」【関心・意欲・態度】（観察）
		・電球と電池を二つずつ接続した直列と並列の組み合わせ	・接続の仕方が4パターンあることを板書で説明する。 ・どの順に明るいかを考えさせる。 ・考えた後，グループ内でディスカッションさせる。この時，他者の意見に対して批判は不可とするなど，自由に意見を述べさせる。	・自分の意見をノートに書く。 ・グループで話しあう。 ・他者の意見を聞いた後，もう一度自分の考えを述べる。 ・実際に実験で確かめる。	〈評価2〉 「直列と並列の組み合わせを考える」【思考・判断・表現】（観察） 〈評価3〉 「両回路の組み合わせを組むことができる」【技能】（観察）
終結	5分	・本時のまとめ ・次時の予告	・直列と並列の組み合わせでいろいろなパターンができることを確認する。 ・パターンにより，明るさが違ったことを確認する。		

3　指導の留意点

　直列と並列は基本的な回路であると同時に，学習を始めた生徒らが混同しやすい回路でもある。また，中学理科で習ったはずのことであるが，社会人になってからも電流と電圧の違いを理解していないことも多い。電気は私たちの生活に欠かせないものとなっているが，家電製品の消費電力などを考慮せず，過剰に接続する「たこ足配線」などにより発火などの事故も現実に起きていることも生徒に併せて伝え，理科の基礎知識は決して無駄にならず，実際の生活にも役立つことを強調したい。さらに，電気は身の回りに常にあり，コンセントを繋げば何も気

にせず使えるという意識は誤りであり，電気は限りあるもので，注意して使わねばならないという意識をもたせたい。

　電池・電球ともに2個ずつ用いて回路を作る場合，電池が直列・並列，電球が直列・並列と2×2の計4パターンが生じることになる。どのパターン順に明るいかという課題を与えた際は「まず自身で考える」ことを優先したい。新たな課題を与えられた時，それまで自身がもっている知識から，新しい課題はどのようになるのかを考えるプロセスを経ることで，思考力を培う訓練をさせたい。また，自身の意見を他者に述べ，かつ他者の意見を真摯に取り入れるというディスカッションを行うことで，思考力の増強と将来必要なプレゼンテーション能力を養成していきたい。

　電球にかかる電圧が大きいパターンが最も明るくなる，ということになるが，では「最も長く光り続けるものはどのパターンか」という問いかけもしてみたい。上述したが，電気は無限にあるものではなく限りあるもので，早く消費すれば早くなくなるということも併せて伝え，節電などの意識の涵養につながれば幸いである。

4　再検討（ワークシート）

●先の課題に対するあなた自身の「回答」とその「理由」をあらためてまとめよ。

〈回　　答〉

〈理　　由〉

課題 18　社会科（地理的分野）教育法

◎課　題

次の分野の授業を計画および実践するにあたって留意すべきことがらについて考えよ。

〈中学校学習指導要領　社会〔地理的分野〕2 内容　(1) 世界の様々な地域〉

ア　世界の地域構成 – 地球儀や世界地図を活用し，緯度と経度，大陸と海洋の分布，主な国々の名称と位置，地域区分などを取り上げ，世界の地域構成を大観させる。（文部科学省，2015）

1　検討（ワークシート）

●上の課題に対するあなた自身の「回答」とその「理由」をまとめよ。

〈回　答〉

〈理　由〉

●他者の意見を聞いた場合は，その「回答およびその理由」をまとめよ。

【他者の回答およびその理由】

〈回　答〉

〈理　由〉

〈回　答〉

〈理　由〉

【他者の回答およびその理由】
〈回　　答〉
〈理　　由〉
〈回　　答〉
〈理　　由〉

2　関連資料

先の課題を考えるための資料として，当該分野に関する学習指導案を以下に示す。

社会科（地理的分野）学習指導案

学校名：○○市立○○中学校
指導者 職・氏名：○○　○○　教諭　　　実習生氏名：○○　○○

指導日時・教室：平成○○年　　○月　○日（曜日）　第○校時
対象生徒・集団：3年○組　○○人（内訳：男子○○人，女子○○人）

1　単元（題材）名

地球のすがたと世界の地域構成

2　単元（題材）の目標

地球儀や世界地図の読み方と利用方法を理解させるとともに，大陸と大洋の位置関係や地域区分などの学習を通して，地球のすがたをおおまかに把握できるようにする。また，緯度や経度を用いた地点の特定方法や，世界の略地図を描写する技能を養う。さらに，統計資料をはじめ，国名の由来・国旗のデザイン・国境線の形などから，世界の構成単位である国々の特徴を考え，意欲的に調べることができるようにする。

3　指導にあたって

(1)　生徒観

本単元の内容は，小学校社会科（第5・6学年）の指導項目が基礎にあり，生徒は主な国名やおおまかな地域構成を学習している。ただしテレビやインターネットを通して，世界各地の出来事に触れる機会が増え，世界への興味も広がる一方，各国の位置や特色を地図などで自主的に確認するには至らず，世界を空間的に把握する力が弱い。

(2)　教材（題材）観

本単元の課題は，地球儀や世界地図を用いながら，緯度や経度，6大陸と3海洋の位置，国々の名称と位置，地域区分などの基本的な学習を通して，地球規模の視点から世界の地域構成を大観し，課題達成の目安として世界地図をおおまかに描写することが挙げられる。いずれも以後の地理学習のみならず，並行する歴史学習の根幹となる知識と技能であり，分野の冒頭で生徒が確実に習得すべき重要な指導項目である。

(3)　指導観

指導の主眼は，生徒に世界を空間的に把握させるとともに，地図の利用方法を習得させ，その有用性に気づかせること，そして地歴学習での地図利用を習慣づけるきっかけにすることである。特に地図の利活用は，世界に対する生徒の興味・関心を地理的・歴史的な知識や理解に昇華させ，またそれが新たな興味・関心を喚起させることも可能となる。

4　単元（題材）の指導計画（総時数5時間）

(1)　地球のすがた（陸と海の面積比，6大陸と3海洋，地域区分）………1時間
(2)　地球儀と世界地図（緯度と経度，地図の種類と活用法）………1時間

(3) 世界の国々（国土，人口，国境の特徴／国名・国旗の由来）………… 2時間（本時2/2）
(4) 世界の略地図を描く ……………………………………………………… 1時間

5　単元の評価の観点

【関心・意欲・態度】
世界のすがたや地球儀，世界地図の利用法に興味・関心をもち，地図や統計資料から各国の位置や特色を意欲的に調べようとする。

【思考・判断・表現】
国名や国旗の由来，国境線の特徴から，各国の地域的特色や歴史的背景を考えることができる。

【技　能】
地球儀や世界地図，統計資料から各国のおおまかな特徴を読み取ることができる。また，緯度と経度を用いて世界の特定の地点を示したり，世界の略地図を描いたりすることができる。

【知識・理解】
世界地図の種類や適切な利用法，6大陸3大洋の位置関係，地域区分，緯度と経度のしくみ，主要な国名とその位置を理解している。

6　本時の指導と評価の計画（第4/5時）

(1) 本時のねらい
国名の由来や国旗のデザインを通して，国々の地域的特色や歴史的背景を考えさせるとともに，それらの国々への興味や関心をもたせる。

(2) 準備・資料など
自作プリント

(3) 本時の学習指導過程（☞下記別表を参照）

●本時の学習指導過程　別表

段階	時間	学習内容	教師の指導・留意点	生徒の学習活動	評価規準（観点・方法）
導入	5分	・緯度と経度の利用（復習） ・学習課題の提示	・生徒に世界地図を見させ，緯度と経度を伝え，その国名を答えさせる。 ・学習課題を板書する。	・地図をみて，国名を答える。	
展開	40分	・国名の由来 〈題材〉アメリカ・チェコ・オーストラリア・マリ・アルゼンチン・日本	・地図で各国の位置を確認させながら，国名の由来には人名，民族名，地名，動植物，自然物，現象などがあることを教える。	・題材に挙げた国の位置と，国名の由来にはさまざまな種類があることを知る。	〈評価1〉 「緯度と経度を用いて国の位置を探すことができる」【技能】（観察）
		・国名の由来からみる地域的特色と歴史的背景 〈題材〉アルゼンチン共和国（ラテン語の"銀の国〔アルジェンツム〕"）	・発問①「アルゼンチンの国名の由来はなぜ"銀の国"なのだろうか」→かつてスペインの征服者が銀を求めてやってきて，大量に採掘したから。 ◎国名の由来からその国の特色や歴史を読み取ることができると教える。	・発問①を考えて答える。→当地域では銀が採れ，銀を巡ってヨーロッパ人と交流があったことを知る。 ◎国名の由来を通して，国々への興味をもつ。	〈評価2〉 「国の由来にはさまざまな種類があることがわかる」【知識・理解】（観察）
			・国旗の写真を提示 ・発問②「三つの国旗の共通点は？」→星と月が描写＝イスラム教国の国旗に見られると教える。→他のイスラム教国の国旗も見せる。	・発問②を考えて答える。	〈評価3〉 「国名の由来から国の特徴や歴史を考えることができる」【思考・判断・表現】（観察）
		・国旗のデザインと地域的特色 〈題材〉シンガポール，トルコ，チュニジアの国旗 〈題材〉アルジェリア，パキスタンの国旗	◎国旗のデザインにはさまざまな情報が盛り込まれていることを教える。	◎国旗のデザインを通して各国への興味をもつ。	〈評価4〉 「国名の由来や国旗のデザインを通して各国への興味や関心をもつことができる」【関心・意欲・態度】（観察）
終結	5分	・本時のまとめ	・国名の由来の種類，国名の由来や国旗のデザインに地域的特色や歴史的背景が反映していることを確認する。		

3 指導の留意点

　本単元の内容は，中学校の地理学習の導入部分にあたり，世界の地域構成に関する基礎的・基本的知識や技能を取り扱うので，非常に重要な指導項目であると同時に，覚える事柄も多い。したがって，生徒が作業する時間を十分に確保し，世界地理への興味や関心を高めつつ，知識や技能の確実な定着を図ることが必要である。また，緯度と経度に関する知識や技能は，今後の学習においてどのように利用できるのかといった，習得の意義や活用方法を併せて指導することが重要である。その際，本単元の内容は，地理学習の為だけではなく，並行して学習する歴史的分野でも活用できることも指導したい。

4 再検討（ワークシート）

●先の課題に対するあなた自身の「回答」とその「理由」をあらためてまとめよ。

〈回　　答〉

〈理　　由〉

課題 19　社会科（公民的分野）教育法

◎課　題

次の分野の授業を計画および実践するにあたって留意すべきことがらについて考えよ。
〈中学校学習指導要領　社会〔公民的分野〕2 内容　(3) 私たちと政治〉
ア　人間の尊重と日本国憲法の基本的原則
（前略）日本国憲法が基本的人権の尊重，国民主権及び平和主義を基本的原則としていることについての理解を深め，日本国及び日本国民統合の象徴としての天皇の地位と天皇の国事に関する行為について理解させる。（文部科学省, 2015）

1　検討（ワークシート）

◉上の課題に対するあなた自身の「回答」とその「理由」をまとめよ。

〈回　答〉

〈理　由〉

◉他者の意見を聞いた場合は，その「回答およびその理由」をまとめよ。

【他者の回答およびその理由】

〈回　答〉

〈理　由〉

〈回　答〉

〈理　由〉

【他者の回答およびその理由】
〈回　　答〉
〈理　　由〉
〈回　　答〉
〈理　　由〉

2　関連資料

先の課題を考えるための資料として，当該分野に関する学習指導案を以下に示す。

社会科（公民的分野）学習指導案

学校名：○○市立○○中学校
指導者 職・氏名：○○　○○　教諭　　　実習生氏名：○○　○○

指導日時・教室：平成○○年　　○月　○日（○曜日）　第○校時
対象生徒・集団：3年○組　○○人（内訳：男子○○人，女子○○人）

1　単元（題材）名
日本国憲法の基本的原則と天皇の位置づけ

2　単元（題材）の目標
日本国憲法は，国民主権・基本的人権の尊重・平和主義を基本的原則とし，第二次世界大戦の反省を踏まえ，国家権力を束縛する仕組みと，人類が獲得してきた普遍的価値を盛り込んだ最高法規であることを理解する。また，大日本帝国憲法における天皇規定と比較して，国民主権の意義に気づき，その重要性を理解する。

3　指導にあたって
(1) 生徒観
日本国憲法の基本的原則は，小学校社会科ですでに学習しているが，日常生活では所与のものとして深く意識されていない。また，天皇の地位や国事行為に関する憲法規定と国民主権との関係性には関心が薄く，メディアが取り上げる被災地訪問や式典への参列などを，天皇の仕事と考えている生徒は少なくないと思われる。

(2) 教材（題材）観
本単元の学習は，多大な戦禍を経験した日本社会が，幕末期以降，政治権力を肥大化させた天皇と，彼を主権者とする旧憲法や国家体制を見直し，新たな憲法に基本的原則を設け，天皇や政府をその枠組みの中に再定義する過程として指導を行う。指導項目は，基本的原則に関わる条文と意義，象徴天皇のあり方，国事行為の種類と内容，国事行為に対する「内閣の助言と承認」の規定であり，生徒が確実に習得すべき基本的な知識である。その上で，基本的原則を設けた歴史的背景や，象徴天皇制と新憲法が保障する国民主権との密接な関係を理解させること，また，旧憲法との比較作業を通して，国民主権が基本的人権や平和主義の根幹を成していることを生徒自身に気づかせる点も，主権者教育の観点から非常に重要な指導項目である。

(3) 指導観
指導の主眼は，小学校社会科での学習を深め，内容の充実が図られた近代史学習との連携を図り，歴史的背景から基本的原則の意義を理解させること，また，天皇に関する憲法規定を核にして，主権在民の重要性を理解させることで，天皇を巡る国会やマスコミ等の議論への関心を喚起することも視野に入れる。

4　単元（題材）の指導計画（総時数 3 時間）
(1) 日本国憲法の制定と基本的原則 ……………… 1 時間

(2) 基本的人権の尊重と平和主義 ……………… 1時間
(3) 国民主権と象徴天皇制 ……………………… 1時間（本時）

5　単元の評価の観点

【関心・意欲・態度】
日本国憲法の基本的原則と象徴天皇制のあり方を確認し，制定にいたる歴史的背景に関心をもち，憲法規定に対して意欲的に追究しようとしている。

【思考・判断・表現】
主権が国民自身にあることが，基本的人権や平和主義を毀損するような政治権力の濫用を防ぐこととともに，主権者として選挙が重要であることについても考えている。

【技　能】
大日本帝国憲法と日本国憲法を比較し，主権の意味と新憲法の特色を読み取れる。

【知識・理解】
日本国憲法の基本的原則を歴史的背景も含めて理解し，また，新憲法における天皇の地位と国事行為の特徴を理解し，その知識を身につけている。

6　本時の指導と評価の計画（第3/3時）

(1) 本時のねらい
日本国憲法における天皇規定を理解し，また，大日本帝国憲法との比較を通して，国民主権と象徴天皇制の関係性や，国民主権がもつ意義を理解させる。

(2) 準備・資料など
写真パネル，大日本帝国憲法と日本国憲法の関連条文の比較資料

(3) 本時の学習指導過程（☞下記別表を参照）

●本時の学習指導過程　別表

段階	時間	学習内容	教師の指導・留意点	生徒の学習活動	評価規準（観点・方法）
導入	5分	・憲法の基本的原則の確認（復習） ・学習課題の提示	・発問①「三つの基本的原則とは何か」 ・学習課題を板書する。	・ノートを見て発問①に答え，基本的原則を復習する。	
展開	40分	・天皇の「仕事」 ※〈写真〉国事行為（親任式）・公的行為（被災地訪問）・私的行為（宮中祭祀）	・写真を提示する。 ・発問②「憲法に定められた天皇の「仕事」はどれか」	・発問②を考えて答える。 ・憲法に国事行為が定められていることを知る。	〈評価1〉 「日本国憲法の天皇に関する規定を理解する」【知識・理解】（観察）
		・国事行為の内容と特徴 ※特徴：天皇の政治活動を規制	◎国事行為の内容を教え，共通する特徴を考えさせる。	◎国事行為には政治に関係する内容が含まれないことを知る。	
		・国事行為と内閣との関係	◎国事行為には「内閣の助言と承認」が必要と教える。	◎国事行為と内閣の関係を知る。	
		・憲法に国事行為を規定している理由	・発問③「なぜ天皇の仕事が憲法で定められているのか」 ◎天皇の国政関与を最高法規である憲法によって明確に否定したことを教える。	・発問③を考えて答える。 ◎憲法によって天皇の非政治化が徹底されていたことを理解する。	
		・象徴天皇と国事行為	・天皇の諸活動は象徴としての行為であることを教える。	・国事行為と象徴としての天皇のあり方を知る。	
		・大日本帝国憲法（旧憲法）の比較と天皇主権の解説	・発問④「旧憲法の天皇はどのような存在だったか」 ・新旧両憲法の条文を提示する。	・新旧憲法を比較して，旧憲法の天皇は主権を有し，政治決定権をもっていたことを知る。 ・新憲法が天皇の非政治化を規定した背景に気づく。	〈評価2〉 「大日本帝国憲法と比較して新憲法の天皇との違いに気づく」【技能】（観察）

段階	時間	学習内容	教師の指導・留意点	生徒の学習活動	評価規準（観点・方法）
展開 （つづき）	40分	・国民が主権者であることの意義	◎主権者である国民は基本的人権や平和主義を自ら選択できる一方，維持するために選挙権行使など不断の努力も必要と教える。	◎自分自身が主権者であり，憲法の基本的原則は自らの不断の努力で維持されることを知る。	〈評価3〉 「主権者として国民主権がもつ意義を理解できる」【関心・意欲・態度／思考・判断・表現】 （観察）
終結	5分	・本時のまとめ	・国事行為の特徴，国民主権と象徴天皇制の関係，国民が主権者であることの意義を確認する。		

3　指導の留意点

　本単元の内容は，2016年導入の「18歳選挙権」などを背景に，よりいっそう重要となる主権者教育の根幹をなしている。したがって，日本国憲法の基本的原則や天皇に関する規定を単に説明するだけではなく，主権が国民にあることの歴史的な意義と，国民主権を最も端的に示す行為である選挙権行使の重要性に，生徒自身が気づくような授業の展開に心がける必要がある。それには生徒が発問の内容を十分考える時間を確保することに留意したい。

4　再検討（ワークシート）

●先の課題に対するあなた自身の「回答」とその「理由」をあらためてまとめよ。

〈回　答〉

〈理　由〉

課題 20　公民科（倫理）教育法

> **◎課　題**
> 次の分野の授業を計画および実践するにあたって留意すべきことがらについて考えよ。
> 〈高等学校学習指導要領　公民　第2　倫理　2内容　(2) 人間としての在り方生き方〉
> イ　国際社会に生きる日本人としての自覚
> 日本人にみられる人間観，自然観，宗教観などの特質について，我が国の風土や伝統，外来思想の受容に触れながら，自己とのかかわりにおいて理解させ，国際社会に生きる主体性のある日本人としての在り方生き方について自覚を深めさせる。（文部科学省, 2009）

1　検討（ワークシート）

●上の課題に対するあなた自身の「回答」とその「理由」をまとめよ。

〈回　答〉
〈理　由〉

●他者の意見を聞いた場合は，その「回答およびその理由」をまとめよ。

【他者の回答およびその理由】
〈回　答〉
〈理　由〉
〈回　答〉
〈理　由〉

【他者の回答およびその理由】
〈回　　答〉
〈理　　由〉
〈回　　答〉
〈理　　由〉

2　関連資料

先の課題を考えるための資料として，当該分野に関する学習指導案を以下に示す。

公民科学習指導案

学校名：○○市立○○高等学校
指導者 職・氏名：○○　○○　教諭　　　実習生氏名：○○　○○

指導日時・教室：平成○○年　　○月　○日（曜日）　第○校時
対象生徒・集団：○年○組　○○人（内訳：男子○○人，女子○○人）

1　単元（題材）名
第4編　国際社会に生きる日本人の自覚
第1章　日本の風土と外来思想の受容　　第2節　仏教の伝来と隆盛

2　単元（題材）の目標
6世紀頃に伝来した仏教の思想が，古代日本人にみられる宗教観などにどのように影響したかを，日本人の宗教観との融合や，律令政治との関わりを通して検討し，変化したものと変化しなかったものなどをみつけて古代社会の一端を考察する。

3　指導にあたって

（1）生徒観
学習に対してまじめな生徒が多い。地理歴史科の内容と関わることも多い単元なので，科目を越えた既習事項を意識させ，課題に取り組ませ，達成感をもたせることで意欲を高め，基礎基本の定着を図りたい。

（2）教材（題材）観
神仏習合は，古代から近世まで長く日本人の信仰形態の基本となったものである。また，奈良時代に仏教は，鎮護国家を実現するものとして信仰され，国家により東大寺ほかの寺院が建立された。

（3）指導観
長く日本人の信仰形態の基本となっていた神仏習合や，外来文化の受容で我が国に定着した仏教が鎮護国家を実現するものとして隆盛をきわめたことなどを知ることで，現代日本の宗教や寺社のあり方と比較することが可能になる。さまざまに変化した結果が現代社会に強く反映されていることなどを実感させたい。

4　単元（題材）の指導計画（総時数6時間）
（1）仏教の移入 ……………………… 3時間（本時2/3）
（2）仏教の土着化 ………………… 3時間

5　単元の評価の観点

【関心・意欲・態度】
現代日本人の思考する人間観，自然観，宗教観などと異なる古代の状況に関心をもち確認する。

【思考・判断・表現】
仏教を受容する前および受容した直後の様子と，奈良時代頃までの変化を確認して，古代社会の思考や宗教の様子を考えることができる。

【技　能】
奈良時代の日本人の信仰や宗教的思考について，理解することができる。

【知識・理解】
仏教の信仰と日本の神信仰が融合してできる本地垂迹説にも発展する神仏習合が成立したり，聖徳太子が創った仏教思想を含む憲法十七条から政治とも関わった仏教が変化したことを理解する。

6　本時の指導と評価の計画（第2/6時）

(1) 本時のねらい
仏教の受容をした7-8世紀の日本での変化の様子を確認し，日本の古代仏教思想などを理解する。また，個人の仏教信仰につながる思想形成もあったことを理解させる。

(2) 準備・資料など
倫理資料集（浜島書店『最新図説 倫理』ほか）

(3) 本時の学習指導過程　（☞下記別表を参照）

●本時の学習指導過程　別表

段階	時間	学習内容	教師の指導・留意点	生徒の学習活動	評価規準（観点・方法）
導入	5分	・前回授業の復習	・日本への仏教伝来と聖徳太子（厩戸皇子）の事跡などについて発問する。	・教師の発問に答える。	
		・本時の課題を提示	・時代の変化を示唆する。	・白鳳・奈良時代を確認する。	
展開	35分	・神仏習合の理解	・神社の神宮寺や寺院の鎮守の存在，神前読経の奉納などが行われたことから日本の神々と仏教信仰の融合があったことについて気づかせる。 ・平安時代には神と仏を一体とみる本地垂迹説が成立したことも教える。	・神仏習合から日本の信仰に仏教が受容され定着していくことを知る。 ◎中世に仏教信仰が民衆に広がる基礎ができたことに気づく。	〈評価1〉 「身近な地域でも神社と寺院が隣り合っていることが多いことに気づく」【関心・意欲・態度】（観察）
		・鎮護国家の仏教についての理解	◎奈良時代，仏教によって国家の安泰を期待する鎮護国家の仏教信仰が行われたことを教える。 ・聖武天皇，光明皇后が地方に国分寺・国分尼寺を，平城京郊外に東大寺と廬舎那仏，京内に法華寺などを建立したことを確認する。	・奈良時代の官寺について確認させる。	〈評価2〉 「奈良時代に官営寺院が多いことに気づく」【思考・判断・表現】（観察）
			◎唐の僧，鑑真が753年に来日し，奈良の唐招提寺で官僧らに戒を授けたことを教える。 ◎民間布教をして都から一時追放された行基は，私度僧を率いて社会事業を行った後，東大寺の高僧となったことを教える。	◎鑑真が日本に戒律をもたらしたことに気づく。 ・行基の社会事業について奈良時代の社会背景とともに検討する。	〈評価3〉 「鑑真，行基などの行動から奈良時代の社会を考えることができる」【技能】（発言などの観察）
終結	10分	・本時のまとめ	・熊野那智大社の青岸渡寺や東大寺の手向山八幡宮などの神宮寺や寺院の鎮守社の事例を生徒に聞きながら，事例を集めて板書する。 ・平城京（南都）の官寺について確認し，板書する。 ・各自で復習する。		

3 指導の留意点

　高等学校公民科倫理における「仏教移入」は，現代の日本社会を考える上で重要なテーマの一つである。なぜならば仏教移入の事例を通じて，日本の宗教形態として，明治維新直後まで1000年以上維持されてきた神仏習合を理解させることのみならず，グローバルな現代に各地から流入するさまざまな文化を受容し日本的に変化させるプロセスを検討させることにもつながるからである。『高等学校学習指導要領解説 公民編』(文部科学省，2010)でも，日本人にみられる人間観，自然観，宗教観などを，さまざまな角度から取り出し検討し，羅列的に学ばせることのないようにしつつ生徒自身の人間観，自然観，宗教観を深めるように指導することが指摘されており，それとも合致する。

　また，仏教の日本的変容が，受容してから比較的早く始まっていることも見逃せない。

　仏教を事例として，流入から変化，そして現代の社会にも与えている影響などを理解・確認して検討していくことが，他の文化の受容と日本的変化を検討する上でも役に立つので，多岐にわたる視点をもって現代の日本を考える一助としていきたい。

　学習指導案では展開に35分の時間をとっている。「神仏習合」または「奈良の官寺」については，教師からの発問の代わりに，生徒同士の討論の時間をとって，いろいろなことに気づくきっかけをできるだけつくってもよいだろう。

　「国際社会に生きる日本人としての自覚」という単元であるから，現代の日本との比較やつながりを扱うことは重要である。さらには，同じく『高等学校学習指導要領』(文部科学省，2009)の単元として扱われる「人間としての自覚」における，「仏教の成立と展開」や「世界の現代文化」と関連づけることも，生徒の多角的な思考を伸ばすことになるだろう。

4 再検討（ワークシート）

●先の課題に対するあなた自身の「回答」とその「理由」をあらためてまとめよ。

〈回　答〉

〈理　由〉

課題21 公民科（政治・経済）教育法

◎課題

次の分野の授業を計画および実践するにあたって留意すべきことがらについて考えよ。

〈高等学校学習指導要領　公民　第3　政治・経済　2内容　(2) 現代の経済〉
イ　国民経済と国際経済
　貿易の意義，為替相場や国際収支の仕組み，国際協調の必要性や国際経済機関の役割について理解させ，グローバル化が進む国際経済の特質について把握させ，国際経済における日本の役割について考察させる。（文部科学省, 2009）

1　検討（ワークシート）

●上の課題に対するあなた自身の「回答」とその「理由」をまとめよ。

〈回　答〉

〈理　由〉

●他者の意見を聞いた場合は，その「回答およびその理由」をまとめよ。

【他者の回答およびその理由】

〈回　答〉

〈理　由〉

〈回　答〉

〈理　由〉

〈回　答〉

〈理　由〉

【他者の回答およびその理由】
〈回　　答〉

〈理　　由〉

2　関連資料

先の課題を考えるための資料として，当該分野に関する学習指導案を以下に示す。

公民科学習指導案

学校名：○○府立○○高等学校
指導者 職・氏名：○○　○○　教諭　　　実習生氏名：○○　○○

指導日時・教室：平成○○年　　○月○日（○曜日）　第○校時
対象生徒・集団：○年○組　○○人（内訳：男子○○人，女子○○人）

1　単元（題材）名
国際経済の仕組み

2　単元（題材）の目標
21世紀の世界はグローバル化しており，日本経済と国民の暮らしは，国際経済システムと密接に結びついている。今日，世界各国との貿易は，我々の暮らしに欠かせないものになっている。現代の国際経済の仕組みを理解し，貿易に不可欠な外国為替相場と国際収支の意味を理解する。

3　指導にあたって
(1) 生徒観
「政治・経済」においては，政治や憲法よりも経済の学習を難しいと感じる生徒が多い。為替相場の仕組みは，中学校社会科公民的分野で基本的な学習をしている。しかし，変動為替相場制や円高と円安の意味を，正確に把握している生徒は少ないと思われる。

(2) 教材（題材）観
本単元では，市場経済の動向，金融と財政，日本経済の歩みなどの学習を土台として，日本と世界の経済関係を学習する。日本は外国貿易が重要であり，貿易には外国為替制度が不可欠であることを学ぶ。そして日本にとって最も関係の深い米ドルを例に為替相場の仕組みを把握し，円高・円安が日本経済や国民生活に与える影響について理解する。

(3) 指導観
円高・円安について，円高になれば1ドルあたりの円表示が小さくなる，という点を理解しにくい生徒が多い。円とドルの比較の中で，簡単な計算問題を使いながら，1ドル何円になるか，という視点を徹底させたい。なお，「現代社会」をすでに履修している場合は，経済分野においてどのような学習をしたかを，あらかじめ確認しておくことが必要である。

4　単元（題材）の指導計画（総時数5時間）
(1) 貿易と国際収支 ……………… 1時間
(2) 外国為替相場の決定 ………… 1時間（本時）
(3) 国際通貨制度 ………………… 1時間
(4) 国際協調と国際経済機関 …… 1時間
(5) 南北問題 ……………………… 1時間

5　単元の評価の観点
【関心・意欲・態度】
日々の生活に密接な関連をもつ円高・円安に関心をもち，意欲的に学習に取り組む。
新聞やインターネットなどで，為替相場の変動を調べようとする。

【思考・判断・表現】
具体的な商品を通して，円高・円安が経済にどのような影響を与えるかを考える。
円高・円安が，日本経済や国民生活に及ぼす影響を適切に説明する。

【技　能】
変動為替相場制において，円とドルの換算ができる。
資料やネットを活用して，中長期的な為替相場の変動を収集する。

【知識・理解】
外国為替制度と変動相場制の仕組みを理解する。
円高・円安の意味と日本経済や国民生活への影響を理解する。

6　本時の指導と評価の計画（第2/5時）

(1) 本時のねらい
変動相場制のもとでの，為替相場の変動を円とドルを例に理解させる。
円高・円安が，日本経済や国民生活に大きな影響を与えることを理解させる。

(2) 準備・資料など
政治・経済資料集，世界地図（教室掲示用掛図），千円札・10ドル紙幣の掲示用模造資料

(3) 本時の学習指導過程（☞下記別表を参照）

●本時の学習指導過程　別表

段階	時間	学習内容	教師の指導・留意点	生徒の学習活動	評価規準（観点・方法）
導入	5分	・前時の学習課題の確認 ・自由貿易と保護貿易 ・日本の国際収支	・発問①「自由貿易と保護貿易を比較して説明せよ」「日本の貿易収支が黒字になったのは何年？」	・教科書，ノートを見て発問①の2題に答える。	
展開	40分	1. 外国為替相場の決定 ・お金を遠方へ送る＝為替 ・外国へ送金する＝外国為替	・発問②「大阪から東京へお金を送る方法は？」→国内送金と海外送金の違いを考えさせる。 ・掛図で日米を確認する。	・発問②に答える。 〈回答例〉銀行振込をする。 ・円と外国通貨の交換が必要であることを知る。	〈評価1〉 「遠方とのお金のやりとりに関心をもつ」【関心・意欲・態度】（観察）
		2. 変動相場制 ・外国為替市場 ・為替相場＝交換比率	・発問③「貿易時にお金（円と米ドルを例にする）の交換を決める方法は？」（模造紙幣を提示） ・発問④「1ドル50円と200円とでは，どちらが円高か？」	・発問③に答える。 〈回答〉外国為替市場で，交換比率（為替相場）が決まる。 ・発問④に答える。 〈回答〉1ドル50円の時が円高。	〈評価2〉 「円ドルの換算ができる」【技能】（練習）
		3. 円高・円安とは ・「今日は1ドル＝100円。1ヶ月後に，1ドル＝50円になる。または1ドル＝200円になる」	・発問⑤「自動車やペンを題材に，2人1組で円高・円安の問題を作ろう（交換手数料は考えない）」 〈題材1〉日本で100万円の車。 〈題材2〉アメリカで100ドルのペン。 ◎円高は，円で買える量が増えることを理解させる。	・発問⑤に答える。 〈題材1の回答例〉日本で100万円の車。今日，米で1万ドル。 →1ドル50円の時は，100万÷50＝2万ドル →1ドル200円の時は，100万÷200＝5千ドル。 〈題材2の回答例〉米で100ドルのペン。今日，日本で1万円。 →1ドル50円の時は，50×100＝5千円 →1ドル200円の時は，200×100＝2万円。	〈評価3〉 「円高円安の問題を作って，回答することができる」【思考・判断・表現】（観察）
		4. 円高・円安の影響	・発問⑥「円高の影響を，プラス・マイナスの両面から考えよう」 ◎円安の場合は逆になることを理解させる。	・円高時は輸出品は値上り（輸出減），海外へ工場移転（産業空洞化），輸入品は値下りし（原油安，物価安定）円安時は逆になることを理解する。	〈評価4〉 「円高円安の影響を理解し，発表することができる」【思考・判断・表現】（観察および全体発表）

段　階	時　間	学習内容	教師の指導・留意点	生徒の学習活動	評価規準（観点・方法）
終　結	5分	・本時のまとめ	・円高・円安が，日本経済や国民生活にプラス，マイナス双方の影響を与えることを確認する。 ◎海外への工場移転など，円安でも輸出が増えにくい。日本経済の変化が背景にある。		

3　指導の留意点

　円高・円安は相対的なものである。つまり「今日は前日より2円の円高である」などと表現されることになる。今日の日本は経済構造が変化し，高度成長期のような輸出主導型の経済ではない。そのため，円高・円安についてはプラス・マイナス両面が存在することを本時のまとめとして考察させたい。授業の展開にあたっては，アクティブラーニング型授業の実践も留意しながら，隣席同士二人一組で，円高・円安に関する例題作成・相互回答，プラス・マイナス両面の影響を互いに出し合う，という活動をさせると深い学びになるだろう。

　なお，固定相場制期の1ドル360円をはじめとして，90年代半ばの80円に至る円高，近年の110円台の円安など，円の推移については次時で取り上げたい。

4　再検討（ワークシート）

●先の課題に対するあなた自身の「回答」とその「理由」をあらためてまとめよ。

〈回　答〉

〈理　由〉

課題 22　美術科教育法

> ◎課　題
>
> 次の分野の授業を計画および実践するにあたって留意すべきことがらについて考えよ。
> 〈中学校学習指導要領　美術〔第2・3学年〕2 内容　A　表現〉
> (2) 伝える，使うなどの目的や機能を考え，デザインや工芸などに表現する活動を通して，発想や構想に関する次の事項を指導する。
> 　イ　伝えたい内容を多くの人々に伝えるために，形や色彩などの効果を生かして分かりやすさや美しさなどを考え，表現の構想を練ること。（文部科学省, 2008）

1　検討（ワークシート）

◉上の課題に対するあなた自身の「回答」とその「理由」をまとめよ。

〈回　答〉
〈理　由〉

◉他者の意見を聞いた場合は，その「回答およびその理由」をまとめよ。

【他者の回答およびその理由】
〈回　答〉
〈理　由〉
〈回　答〉
〈理　由〉

【他者の回答およびその理由】
〈回　　答〉
〈理　　由〉
〈回　　答〉
〈理　　由〉

2　関連資料

先の課題を考えるための資料として，当該分野に関する学習指導案を以下に示す。

美術科学習指導案

学校名：○○市立○○中学校
指導者 職・氏名：○○　○○　教諭　　　実習生氏名：○○　○○

指導日時・教室：平成○○年　　○月　○日（○曜日）　第○校時
対象生徒・集団：2年○組　○○人（内訳：男子○○人，女子○○人）

1　単元（題材）名

体育大会のポスターを作ろう！

2　単元（題材）の目標

形や色彩の性質を知り，それらがもたらす感情を理解しながら，ポスターの制作手順を学ぶ。柔軟で豊かな発想をもとに，多くのアイデアスケッチを描きながら，体育大会のテーマに沿ったアイデアを考え，目的に合った表現の構想を練る。

3　指導にあたって

(1) 生徒観

2年生は中学校生活にも慣れ，学習や行事などに積極的に取り組める。また，1年生で学習したことをもとに発展した学習活動が期待できる。しかし，表現の技術に関しては個人差も大きいので，力量に応じた課題を与えることで個々に合った目標を設定させ，集中して作品に取り組むことで達成感を味わわせ，次への意欲につなげたい。

(2) 教材（題材）観

1年生で形や色彩に関する基礎を学習し，目的や条件などをもとに構成を考え，表現の構想を練る経験をしている。体育大会は身近な行事で具体的なイメージも掴みやすく，作品の完成後は校内外で使える実用性もある。ポスター制作を通して多くのアイデアを出し，混色の方法や色の塗り方など，発想力や表現力を学習するのに適した教材である。

(3) 指導観

本題材は八つ切り画用紙にアクリルガッシュを用いて制作する。ガッシュの基本的な使い方や特徴，ポスターの制作手順などを説明し，過去の生徒作品や実際のポスター，写真やイラストなどを参考にアイデアを出し構想を練る。画面の構成や配色，文字の入れ方など，ポスターを構成する要素は多いので，必要最低限の条件に絞り，生徒がのびのびと活動できるように配慮したい。

4　単元（題材）の指導計画（総時数6時間）

(1) 導入と下書き ……………… 1時間（本時）
(2) 画用紙への転写と着色 ………… 4時間
(3) 鑑賞とまとめ ……………… 1時間

5　単元の評価の観点

【関心・意欲・態度】

課題の説明をよく聞き，資料や他の作品などを参考にしながら，意欲的にポスター制作をしようとする。

【発想や構想の能力】
体育大会のテーマから想像力を働かせ，創造的で豊かな発想，表現の構想をする。
【創造的な技能】
画面の構成を工夫し，イラストや文字を効果的な位置に配置すると共に，アクリルガッシュの特徴を生かした，創造的な作品制作ができる。
【鑑賞の能力】
過去の生徒作品など参考作品のよい点を自分の作品に生かしているか。また，自分や友人の作品の良さや，表現の工夫を味わったり批評しあったりする。
6　本時の指導と評価の計画（第1/6時）
(1)　本時のねらい
課題の内容やポスターの制作手順を知り，体育大会のテーマに沿った発想をし，積極的にアイデアスケッチを考え，構成を工夫した下書きを制作する。
(2)　準備・資料など
生徒作品やポスターなどの参考資料，課題説明プリント，スケッチブック，画用鉛筆
(3)　本時の学習指導過程（☞下記別表を参照）

●本時の学習指導過程　別表

段階	時間	学習内容	教師の指導・留意点	生徒の学習活動	評価規準（観点・方法）
導入	10分	・昨年の体育大会を思い出す ・課題内容の説明 ・体育大会のテーマを知る	・印象に残った場面を聞く。 ・プリントを配布する。 ・テーマを板書する。	・それぞれ思い出し数人が発表する。 ・課題を把握する。 ・テーマを理解しイメージする。	
展開	35分	・参考作品を鑑賞しポスター制作のイメージを掴む	・過去の生徒作品や実際のポスターなど参考資料を見せる。	・資料を見て自分の作品の参考とする。	〈評価1〉 「資料を参考にして自分の制作に生かす」【関心・意欲・態度】（観察）
		・アイデアスケッチをする	・机間指導をしながら個別に指導し，気づいたことを全員に広げる。	・スケッチブックに数種類は描く。	〈評価2〉 「創造的で豊かな表現の構想をする」【発想や構想の能力】（観察）
		・下書きを決定する	・個別にチェックし構図について考えるよう指導する。	・アイデアスケッチの中から一つ選び，八つ切りサイズのコピー紙に細部までていねいに描く。	〈評価3〉 「画面の構成を工夫し丁寧な下書きができる」【創造的な技能】（観察）
終結	5分	・本時のまとめ ・次時の連絡と片付け	・下書きが終わらなかった生徒は次の授業までに完成するように指示する。 ・下書きを画用紙に写し着彩し始める。 ・机や椅子を元に戻す。		

3　指導の留意点

　第2学年および第3学年では，第1学年で学んだ目的に応じた形や色彩などの生かし方をさらに発展させ，社会性や客観性をいっそう意識し，広い視野で総合的にとらえ，発想，構想することを狙いとしている。

　具体的には，伝える対象を家族や校内など，自分の身近な存在に求めるだけでなく，社会的視野の広がりに合わせて，地域や社会一般の不特定の人々などを対象として伝えるよう発想や構想を膨らませることが求められる。また，形や色彩，図柄などの性質やそれらがもたらす感情を理解し，それらの伝達効果を発想や構想に生かすことが求められている。さらに，内容や雰囲気にふさわしい構成や配色，文字の取り入れ方など美的秩序がもたらす効果や，多様な表現方法の特性を理解しながら，機能と美の調和を考え，表現の構想を練ることである。

実際に授業を計画し実践するにあたり，表現の学習においては，『学習指導要領』（文部科学省，2008）の「A 表現」の三つの項目のうち (1) または (2) の一方と (3) を組み合わせて題材を構成し指導しなければならない。また，表現と鑑賞を密接に関連づけながら指導したり，共通事項として挙げられている内容を表現および鑑賞の各活動に適切に位置づけたりすることも重要である。つまりはすべての項目が密接に結びつき，有機的に関連づけられながら指導するのである。

　本指導計画にあっては，アイデアを得るために参考作品を鑑賞し，ポスターをデザインする上で構成を考え，発想し表現の構想を練る。さらに，発想や構想したことを表現するために，材料や用具の性質を理解した上で特性を生かし，表現方法を工夫しながら制作の順序を総合的に考え，見通しをもって活動する，ということになる。

　これら多くの項目を限られた時間の中で指導するためには，綿密な指導計画を立てることはもちろんであるが，全体の中の一部にポイントを絞った指導をすることや，すべての項目についてあまりにも高い完成度を求めないことも必要である。

4　再検討（ワークシート）

●先の課題に対するあなた自身の「回答」とその「理由」をあらためてまとめよ。

〈回　答〉

〈理　由〉

課題 23　工業科教育法

◎課　　題

次の分野の授業を計画および実践するにあたって留意すべきことがらについて考えよ。
〈高等学校学習指導要領・学習指導要領解説　工業・第2　課題研究〉
（1）作品製作
生徒の興味・関心，進路希望等に応じて，これまでに各科目で習得した知識や技術を活用し，さらに新しい知識と技術を学びながら作品を完成させる。（文部科学省, 2009, 2010）

1　検討（ワークシート）

●上の課題に対するあなた自身の「回答」とその「理由」をまとめよ。

〈回　　答〉
〈理　　由〉

●他者の意見を聞いた場合は，その「回答およびその理由」をまとめよ。

【他者の回答およびその理由】
〈回　　答〉
〈理　　由〉
〈回　　答〉
〈理　　由〉
〈回　　答〉
〈理　　由〉

【他者の回答およびその理由】
〈回　　答〉
〈理　　由〉

2　関連資料

先の課題を考えるための資料として，当該分野に関する学習指導案を以下に示す。

工業科学習指導案

学校名：○○市立○○高等学校
指導者 職・氏名：○○　○○　教諭　　　実習生氏名：○○　○○

指導日時・教室：平成○○年　　○月　○日（曜日）　第○校時（2時間連続）
対象生徒・集団：3年○組　○○人（内訳：男子○○人，女子○○人）

1　単元（題材）名
バイオディーゼル製造装置の製作（開発）

2　単元（題材）の目標
「BDF（Bio Diesel Fuel：バイオ・ディーゼル・フューエル）」は，生物由来油（特にてんぷら油などの植物由来油）からつくられるディーゼル・エンジン用燃料のことである。BDFはそのほとんどが飲食店や家庭などから排出される廃油をもとに製造されている点，軽油に代わるカーボン・ニュートラル燃料とされている点等から，環境負荷軽減に有効である。これらBDF製造装置の現状を調査し，解決すべき課題を設定し，その課題の解決を図るためのアイデア発想方法を学ばせる。

3　指導にあたって
(1) 生徒観
モノづくりに興味のある生徒が多い。概して自分の意見を発表したりすることは苦手な生徒が多く，化学的な知識や経験も少ないため，アイデアを出し合い統合していくというような作業は難しいといえる。しかしながら，装置の構造や動作原理を理解すれば，さまざまな意見が出てくると思われる。

(2) 教材（題材）観
本テーマでは，生徒にBDFの製造原理を理解させ，製造装置を開発する上で，どのようにすれば安全で使い勝手がよく高品質なBDFが造れるかということを考えさせる。グループでアイデアを高めていく方法と感覚についても体験できる題材である。

(3) 指導観
一見，複雑にみえる装置も，動作原理を知り原点から考えれば高校生でも既存の装置の改善やより良い製品ができるということを理解させられる。このことにより，生徒の興味関心やモチベーションを高めることができる。

4　単元（題材）の指導計画（総時数 54 時間）
(1) テーマ探し ………………………………………………… 4 時間
(2) メリット・歴史の調査・原理の学習 ……………………… 4 時間
(3) 机上シミュレーション（経済性・有用性のアセスメント） …… 6 時間
(4) 実験室シミュレーション（原理の実証実験） …………… 4 時間
(5) フィールドワークによる問題発見 ………………………… 4 時間
(6) 困難の分解と課題設定 …………………………………… 4 時間
(7) アイデアの創出 …………………………………………… 4 時間（本時 1, 2/4）
(8) ラピッド・プロトタイピング製作と検証 ………………… 18 時間
(9) 製品化へのアプローチ …………………………………… 6 時間

5　単元の評価の観点
【関心・意欲・態度】
環境負荷軽減に関する知識と技術に関心をもち，その解決方法を探索し主体的に取り組むとともに，創造的に機械を設計する態度を身につけている。

【思考・判断・表現】
環境負荷軽減につながる基礎的な化学反応に関する知識と技術の修得を目指し，基本的な化学の原理や理論および計算技術などをもとに，適切に判断し，創造的にアイデアを創出する能力を身につけている。
【技　能】
基本的な機械工作に関する知識と技術を身につけ，アイデアを装置として具現化する能力を身につけている。
【知識・理解】
インターネット検索やフィールドワークによる情報収集と課題設定，アイデア創出法を習得し，問題解決のための科学的な知識を身につけている。

6　本時の指導と評価の計画（第 27, 28/54 時）

(1) 本時のねらい

BDF 製造装置設計の課題である「水分の除去」と「操作時の安全性」についてブレーンストーミングによりアイデアを創出させる。

(2) 準備・資料など

A1 サイズの模造紙，多色のペン，大きめの付箋，ブレーンストーミング時の資料

(3) 本時の学習指導過程（☞下記別表を参照）

●本時の学習指導過程　別表

段階	時間	学習内容	教師の指導・留意点	生徒の学習活動	評価規準（観点・方法）
導入	10 分	・課題の確認	・前回授業で設定した課題について生徒に発問する。 ・簡単にこれまでのプロセスを確認する。	・前回設定された課題を答える。	
		・本時の学習課題の設定	・解決すべき課題を板書する。	・それぞれが課題を確認する。	
展開	35 分	・ブレーンストーミングとは ・ブレーンストーミングの実施法と四つのルール	◎ブレーンストーミングについて説明する。 ・「批判しない」「自由奔放なアイデアを歓迎する」「質より量を重視する」「アイデアの結合および便乗」。	◎ブレーンストーミングの原理を理解する。 ・四つのルールを理解する。	〈評価 1〉「ブレーンストーミングの理解」【関心・意欲・態度】（観察）
		・役割分担	・役割を説明する。	・司会役と記録役を決める。	〈評価 2〉「役割分担への積極的な参加」【関心・意欲・態度】（観察）
	50 分	・ブレーンストーミングの実施	・司会者に進行を促す。 ・油から水分を除去する方法をテーマにアイデアを出させる。それを大きな模造紙に記させる。一通りアイデアが出され，発言がなくなったら，用意していたヒントを示し，発言を促す。 ・作業時の危険除去についてアイデアを出させる。一通りアイデアが出され，発言がなくなったら，用意していたヒントを示し，発言を促す。 ◎その都度，四つのルールについて注意喚起を与える。	・テーブルに模造紙を広げ，周りに座る。司会者が発言を促し，記録役が模造紙に記録する。 ◎四つのルールに従い，実現可能性を無視して考えうる限りのアイデアを出す。 ・言葉では伝わりにくい内容は発言者が模造紙に図示する。 ・人のアイデアに自分のアイデアを重ねる。 ・楽しい雰囲気を醸し出す。	〈評価 3〉「これまで調べた情報をもとに自分のアイデアを表現できる」【思考・判断・表現】（観察） 〈評価 4〉「ブレーンストーミングの四つのルールを理解して活用できる」【技能】（観察）

段　階	時　間	学習内容	教師の指導・留意点	生徒の学習活動	評価規準（観点・方法）
終　結	5分	・本時のまとめ ・次時の予告		・出された意見の数を数える。 ・アイデア創出の軌跡をたどる。 ・次回の授業でアイデアの取捨選択および集約を行うため、出されたアイデアについて、インターネットなどで実現可能性を調査するよう指示する。	

3　指導の留意点

　工業高校における課題研究では、工業に関する課題を設定し、その課題の解決を図る学習を通して、専門的な知識と技術の深化、総合化を図るとともに、問題解決の能力や自発的、創造的な学習態度を育てることを目的にしている。特にこの科目のねらいは、工業に関する基礎的・基本的な学習の上に立って、上述の目的を果たすことである。加えて留意したいのは、生徒の興味関心に応じてテーマが設定され授業が進行するという特性上、教科書は存在しないことである。以上より、グループでの学習の機会や、施設・設備、費用などの教材を活用しつつ、生徒が能動的に取り組むことができる授業づくりが求められる。

　さらに、課題を設定し、計画を立て、実現可能な設計をし、作品製作に至るまでの過程を指導するには豊富な知識と確かな技術を要する。すなわち、授業の成否は指導者の力量に大きく左右される。よって「課題研究」をもって創造的人材を育成する指導者は、日頃より見識を広めておく必要がある。

4　再検討（ワークシート）

●先の課題に対するあなた自身の「回答」とその「理由」をあらためてまとめよ。

〈回　答〉

〈理　由〉

課題 24　商業科教育法

◎課　題

次の分野の授業を計画および実践するにあたって留意すべきことがらについて考えよ。

〈高等学校学習指導要領・学習指導要領解説　簿記〔第1学年〕2内容　(1) 簿記の基礎〉
ア　簿記の概要
(1) のアについては，簿記の意味，目的，歴史及び必要性，企業における会計情報の流れ，会計にかかわる職業並びに会計担当者の役割や責任を扱うこと。（文部科学省, 2015a, b）

1　検討（ワークシート）

●上の課題に対するあなた自身の「回答」とその「理由」をまとめよ。

〈回　答〉
〈理　由〉

●他者の意見を聞いた場合は，その「回答およびその理由」をまとめよ。

【他者の回答およびその理由】
〈回　答〉
〈理　由〉
〈回　答〉
〈理　由〉
〈回　答〉
〈理　由〉

【他者の回答およびその理由】
〈回　　答〉
〈理　　由〉

2 関連資料

先の課題を考えるための資料として，当該分野に関する学習指導案を以下に示す。

商業科学習指導案

学校名：〇〇市立〇〇高等学校
指導者 職・氏名：〇〇 〇〇 教諭　　　実習生氏名：〇〇 〇〇

指導日時・教室：平成〇〇年　　〇月 〇日（〇曜日）　第〇校時
対象生徒・集団：1年〇組　〇〇人（内訳：男子〇〇人，女子〇〇人）

1　単元（題材）名
(1) 簿記の基礎　ア 簿記の概要

2　単元（題材）の目標
・簿記の意味，目的，種類，歴史
・現代社会と簿記
・簿記の基礎的条件

3　指導にあたって

(1) 生徒観
高校で初めて習う科目であり，予備知識はまったくないので，簿記ということばの意味を辞書で引いたり，簿記の知識・技術を学ぶことの職業的な意義などを丁寧に学んだりしていく必要がある。

(2) 教材（題材）観
本単元では，簿記ということばの意味，企業の財政状態と経営成績を明らかにするという簿記の目的，簿記の種類と発展の歴史，現代社会で簿記の果たす役割など簿記を学ぶ意義について認識を深めるようにしたい。

(3) 指導観
企業を経営するにあたり，会計情報は必要不可欠である。その会計情報をつくる簿記はビジネス社会で働く多くの人にとって汎用性の高い知識・技術である。簿記の有用性を強く実感させたい。

4　単元（題材）の指導計画（総時数 4 時間）
(1) 簿記の意味と目的 ················ 1 時間（本時）
(2) 簿記の種類と歴史 ················ 1 時間
(3) 現代社会と簿記 ················ 1 時間
(4) 簿記の基礎的要件 ················ 1 時間

5　単元の評価の観点

【関心・意欲・態度】
事業経営や家計の問題解決の手段としての簿記に関心をもつ。

【思考・判断・表現】
企業をとりまく利害関係者が，どのような視点で企業成績に関心を寄せているかを考える。

【技　　能】
企業の経営活動を具体的に例示し，簿記の対象となる活動を選別できる。

【知識・理解】
簿記の意味，目的，種類，歴史など基礎的な知識について理解するとともに，簿記を用いることで企業成績が客観的に把握できることと，簿記の社会的な役割について深く認識する。

6　本時の指導と評価の計画（第1/4時）

(1) 本時のねらい
簿記の意味と目的

(2) 準備・資料など
電子辞書

(3) 本時の学習指導過程（☞下記別表を参照）

●本時の学習指導過程　別表

段階	時間	学習内容	教師の指導・留意点	生徒の学習活動	評価規準（観点・方法）
導入	10分	・簿記の意味	・簿記ということばの認知度について発問する。	・教師の発問に対して応答する。	〈評価1〉「簿記の概念」【関心・意欲・態度】（観察）
			・簿記ということばの定義について，まとめて板書する。	・簿記ということばを辞書で調べて発表する。	
展開	35分	・経営活動と記録	・商店や会社が行っている仕入，販売，広告宣伝，雇用などさまざまな経営活動について説明する。	・さまざまな経営活動について理解する。	〈評価2〉「経営活動の概念」【知識・理解】（観察）
		・簿記の目的	・就職するときに，会社のどのようなことを知りたいか発問する。・生徒の回答を集約する（会社の安全性，収益性，成長性などがあげられる）。	・就職する会社を選ぶときの基準について自分なりの回答をする。	〈評価3〉「良い会社の指標とは」【思考・判断・表現】（観察）
			・簿記の目的は，一定時点の「財政状態」と一定期間の「経営成績」を明らかにすることを説明する。		〈評価4〉「簿記の目的」【知識・理解】（観察）
終結	5分	・経営の診断	・経営がうまくいっているか否かは，簿記によって作成される財務諸表（財政状態，経営成績など）によって判断できる。		

3　指導の留意点

　この科目の指導の留意点については，『高等学校学習指導要領解説 商業編』（文部科学省，2015b）に次のような内容が記述されている。

> 　この科目は，(1) 簿記の基礎，(2) 取引の処理，(3) 決算，(4) 本支店会計，(5) 会計帳簿と帳簿組織の5項目で構成しており，2～4単位程度履修されることを想定して，内容を構成している。

　また，取扱いに当たっての留意事項は次のように示されている。

> 　指導に当たっては，企業会計に関する法規や基準の変更に留意し，企業における取引を合理的，能率的に記帳する知識と技術を習得させるとともに，簿記の基本的な仕組みについて理解させること。

> この科目の指導に当たっては，適正な会計処理を行えるようにすることが大切である。このため，企業会計に関する法規や基準の変更に随時対応して指導するとともに，会計情報の流れをビジネスに関する実務と関連付けて理解させることに加え，取引の合理的，能率的な記帳及び取引の仕訳から勘定の記入を経て決算に至る簿記の基本的な仕組みに関する例題などを企業における実務に即して工夫し，適宜扱うようにする。なお，会計基準の国際的統合の流れを踏まえ，基本的な会計用語は英語表記と合わせて指導し，英語表記に慣れ親しませるよう留意する。

　以上の『高等学校学習指導要領解説 商業編』に記された留意点に加えて，次の諸点に留意すべきである。簿記は高校で初めて学習する科目であるから，簿記の目的を直観的に理解させなければならない。簿記は「会社の健康診断」のための技術である。人間ドックで血液検査や心電図検査をして身体の健康状況を測るように，簿記は会社の経営状況が良好か否か，財務諸表を作成して判断する。成長性（売上高や営業利益の伸び率など），安全性（流動資産や流動負債の比率，キャッシュフローなど），収益性（総資本利益率など）といった指標が財務諸表から読み取れる。企業はこれらの成果指標に基づいて経営される。簿記が経営のための技術であることを明確にすることが重要である。

　また，簿記は企業の経営状況を数値的に表す技術であるが，それは，企業の利害関係者（株主，債権者，従業員など）に，それぞれが必要とする会計情報を提供するためであること，つまり簿記の機能についても理解させることが重要である。

4　再検討（ワークシート）

●先の課題に対するあなた自身の「回答」とその「理由」をあらためてまとめよ。

〈回　　答〉

〈理　　由〉

課題 25　情報科教育法

◎課　題

次の分野の授業を計画および実践するにあたって留意すべきことがらについて考えよ。

〈高等学校学習指導要領　情報　第1　社会と情報　2内容　(1) 情報の活用と表現〉
(1) 情報の活用と表現
イ　情報のディジタル化
情報のディジタル化の基礎的な知識と技術及び情報機器の特徴と役割を理解させるとともに，ディジタル化された情報が統合的に扱えることを理解させる。(文部科学省, 2009)

1　検討（ワークシート）

●上の課題に対するあなた自身の「回答」とその「理由」をまとめよ。

〈回　　答〉
〈理　　由〉

●他者の意見を聞いた場合は，その「回答およびその理由」をまとめよ。

【他者の回答およびその理由】
〈回　　答〉
〈理　　由〉
〈回　　答〉
〈理　　由〉
〈回　　答〉
〈理　　由〉

【他者の回答およびその理由】
〈回　　答〉

〈理　　由〉

2 関連資料

先の課題を考えるための資料として，当該分野に関する学習指導案を以下に示す。

情報科学習指導案

学校名：○○市立○○高等学校
指導者 職・氏名：○○　○○　教諭　　　実習生氏名：○○　○○

指導日時・教室：平成○○年　　○月○日（○曜日）　第○校時
対象生徒・集団：○年○組　○○人（内訳：男子○○人，女子○○人）

1　単元（題材）名
第1章　情報の活用と表現　　第3節　情報のディジタル化

2　単元（題材）の目標
アナログとディジタルの特性の違いを理解し，情報システムがディジタルの長所を生かしたものであることを理解する。その上で，情報のディジタル表現の方法，コンピュータのデータ処理の方法を理解する。

3　指導にあたって
(1) 生徒観
操作的・作業的内容は真面目に取り組むが，自分で積極的に技術を学んでいったり，創造的に作品を作り上げたりする生徒は少ない。また，座学では総体的に学習意欲は低い。情報に関して実習が主体であると考えている生徒が多く，座学での授業にややがっかりした感じと，主体的に作業しなくてもという倦怠感も感じられる。

(2) 教材（題材）観
情報処理の基となるコンピュータはディジタル（2進数）で動作している。コンピュータのしくみを知り，情報処理の特性を考える上で，ディジタルの特性を理解することは重要である。本単元では，アナログと対比してディジタルの特性を理解し，ディジタルによるコンピュータの構成から，情報処理の特質を考えさせる。また，種々の情報のディジタル表現のしくみを知り，アナログ情報のディジタル化の技法を理解し，それぞれの情報の特質を考えさせる。

(3) 指導観
コンピュータのしくみを知る上で重要な単元である。ディジタルの特性は，区切りがはっきりしていること，10進数に比べて有限小数となる演算が少なく，有限の桁の中では誤差が発生しやすいこと，演算は10進数に比べて単純なこと，論理演算が容易にできることであり，これらを理解させることは重要である。コンピュータアーキテクチャのイメージをもたせ，それから情報処理の特性（利点・欠点）を推論させることも重要である。さらに，情報のディジタル表現をデータサイエンスの観点から捉え，利便性・活用性を高めるように情報表現の方法が改善されてきたことを指導することは，コンピュータの利活用を科学的に捉える上で重要である。

4　単元（題材）の指導計画（総時数6時間）
(1) アナログとディジタル ………………………… 1時間
(2) コンピュータとディジタル …………………… 2時間（本時 1/2）
(3) コンピュータによる情報の取り扱い ………… 3時間

5　単元の評価の観点
【関心・意欲・態度】
コンピュータのしくみを理解しようとする態度があり，2進数の演算に関心をもち，信号・データレベルでのコンピュータの利活用に興味をもつ。

【思考・判断・表現】
ディジタルの特質を考え，それからコンピュータの得意分野・不得意分野を考察できる。2進数の演算原理を抽象化して考えることができ，コンピュータアーキテクチャの概要を考えることができる。

【技　能】
2進数の演算，2進化10進化の計算ができる。条件の決められた各種情報データの大よそのデータ量を計算することができる。
【知識・理解】
2進数およびディジタルの特性，情報量の単位，各種情報のディジタル表現法，情報のディジタル化の手法，情報を適切な情報量にするための各種手法についてなどの知識・理解を深める。
6　本時の指導と評価の計画（第2/6時）
(1)　本時のねらい
コンピュータのしくみを理解するために，コンピュータの中で数値の表現として使用されている2進数について，その特質や演算法の概略を理解しコンピュータの特質について考察できる。
(2)　準備・資料など
プリント（2・10進数表，練習問題），電子辞書
(3)　本時の学習指導過程　（☞下記別表を参照）

●本時の学習指導過程　別表

段階	時間	学習内容	教師の指導・留意点	生徒の学習活動	評価規準（観点・方法）
導入	10分	・前時の復習（アナログとディジタルの特徴） ・本時のねらいの確認	・「アナログとディジタルの特徴の違い」について発問する。 ・ねらいを説明する。	・Think-Pair-Share（個人での思考，ペアでの思考，別の他者との情報共有，という手順による学習）で復習する。なおShareは省略する。 ・ねらいを確認する。	
展開	35分	・2進・10進変換（10進数から2進数への変換，2進数から10進数への変換）	・プリントを配布し，2進・10進の対比表から変換規則を考えさせる。たとえば17の2進変換などを考えさせる。	・変換規則を考える。 ・例題について考える。	〈評価1〉 「表から変換規則を考える」【思考・判断・表現】（観察）
		・2進数の演算（加算演算と加算器の構造，けた移動により乗除算）	・変換規則を説明・解説する。 ・練習問題をさせる。 ・机間指導をする。	・練習問題を解く。	〈評価2〉 「変換・演算規則がわかる」【技能】（観察）
			・2進数の加算を説明し，例題を解かせる。（机間指導） ・演算から加算器の構造を説明する。 ・2倍・2で割る演算を説明する。2で割る以外は割り算の解が求めにくいことを説明する。	・演算方法を理解し，例題を解く。 ・簡単な回路で加算器ができることを理解する。 ・コンピュータの特徴（得意なこと，苦手なこと）を考え，プリントに記入する。	〈評価3〉 「コンピュータの特徴を考える」【思考・判断・表現】（観察）
終結	5分	・本時のまとめ ・次時の予告	・2進10進の変換，2進数の演算を確認する。 ・コンピュータが簡単な回路ででき，割り算が苦手なことを確認する。 ・次時に数値以外の表現を考えることを伝える。		

3　指導の留意点

　この単元の目的は，コンピュータのしくみを知って，コンピュータの特質といえる2進数について理解することである。この単元はともすれば，論理的になったり，単にそうなっていると覚えるだけの内容となったりして，生徒の意欲が低くなりがちである。そこで，暗号や符号論を利用した手品など興味を引きつける教材の活用が有効である。

　たとえば，図25-1のようなカードを使った数あてゲームや，パリティビットを使った間違い

ウラ：① オモテ：1, 3, 5, 7, 9, 11, 13, 15	ウラ：② オモテ：2, 3, 6, 7, 10, 11, 14, 15
ウラ：③ オモテ：4, 5, 6, 7, 12, 13, 14, 15	ウラ：④ オモテ：8, 9, 10, 11, 12, 13, 14, 15

(1) 2人組の一方（A）が1から15までの数の一つを頭に思い浮かべる。
(2) 2人組の他方（B）がウラ（①〜④）を1枚ずつ見ながら，相手（A）だけにオモテを示し，頭に浮かべた数字がどのカードに書いてあるかを口頭で回答させる。
(3) Aの回答を手掛かりにして，Aの選んだ数字をBが言い当てる。

図 25-1　数当てゲームカード（4枚のカード）の例

さがしなどである。ただ，これらは生徒の興味を引くが，これから、2進数の特性や実際のデータの表現の理解に発展させるようにする指導の工夫が必要である。

4　再検討（ワークシート）

●先の課題に対するあなた自身の「回答」とその「理由」をあらためてまとめよ。

〈回　　答〉

〈理　　由〉

課題 26　保健体育科（体育実技）教育法

> ◎課　題
>
> 次の分野の授業を計画および実践するにあたって留意すべきことがらについて考えよ。
> 〈中学校学習指導要領　保健体育〔第1学年及び第2学年〕2内容　C陸上競技〉
> (1) 次の運動について，記録の向上や競争の楽しさや喜びを味わい，基本的な動きや効率のよい動きを身に付けることができるようにする。
> 　イ　走り幅跳びでは，スピードに乗った助走から素早く踏み切って跳ぶこと。
>
> （文部科学省, 2014）

1　検討（ワークシート）

●上の課題に対するあなた自身の「回答」とその「理由」をまとめよ。

〈回　答〉

〈理　由〉

●他者の意見を聞いた場合は，その「回答およびその理由」をまとめよ。

【他者の回答およびその理由】

〈回　答〉

〈理　由〉

〈回　答〉

〈理　由〉

【他者の回答およびその理由】

〈回　　答〉

〈理　　由〉

〈回　　答〉

〈理　　由〉

2 関連資料

先の課題を考えるための資料として，当該分野に関する学習指導案を以下に示す。

保健体育科（体育実技）学習指導案

学校名：○○市立○○中学校

指導者 職・氏名：○○　○○　教諭　　　実習生氏名：○○　○○

指導日時・教室：平成○○年　　○月　○日（○曜日）　第○校時

対象生徒・集団：1年○組　○○人（内訳：男子○○人，女子○○人）

1　単元（題材）名

C 陸上競技（走り幅跳び）

2　単元（題材）の目標

(1) 次の運動について，記録の向上や競争の楽しさや喜びを味わい，基本的な動きや効率のよい動きを身につけることができるようにする。

(2) 陸上競技に積極的に取り組むとともに，分担した役割を果たそうとすることができるようにする。

(3) 陸上競技の特性や成り立ち，技術の名称や行い方を理解し，課題に応じた運動の取り組み方を工夫できるようにする。

3　指導にあたって

(1) 生徒観

小学校段階において走り幅跳びは何度か経験しており，自己の記録についてもある程度知っている。陸上競技領域では，走ることに関してはあまり好まないが，跳ぶことに関しては，自分の記録を伸ばしたい，という意欲的な生徒が多くみられる。しかし，一方で運動そのものに苦手意識をもっている生徒や自己の記録に挑戦することをあきらめてしまっている生徒もみられる。学級集団そのものは，仲が良く，体育的行事においても互いに声を掛け合って目標を達成しようする集団である。

(2) 教材（題材）観

走り幅跳びは，助走・踏み切り・空中動作・着地の局面に分けられるが，それぞれが連続することで運動が完結し，遠くに跳ぶ距離を競う測定種目である。特に，助走スピードと跳躍距離とは相関が高く，短距離走の能力によって記録が左右される面がある。しかし，助走から踏み切りに移る技能によって跳躍距離が変わってくることから，局面をつなぐ技術の習得が必要となる。また，短距離走の能力をもとに自己の目標記録を設定しやすく，それに挑戦したり，仲間と競争したりして楽しむことができる種目でもある。

(3) 指導観

陸上競技の各種目は，個人の能力が記録に大きく関係してくるため，運動能力の低い生徒には，あまり好まれない単元である。しかし，各自がその能力に応じた目標記録を設定することで，その記録に向かって努力し，目標を達成した時の喜びを感じさせ「やればできる」という達成感を味わわせたい。さらに，自己の記録を伸ばすために挑戦する態度や練習法などを工夫するなどの興味・関心も高めていきたい。そこで，本授業では，30m走のタイムから助走速度の算出および各自の目標記録の設定を行い，助走および踏み切り局面に重点を置いた授業を展開していく。踏み切り局面の動きは自己認識することが困難なため，役割を分担して，踏み切り場面の撮影や動画再生を活用した仲間への助言活動を促していくことでよい動きを第三者的に認識する授業を展開したい。また測定などの分担を通して，仲間と協力して取り組む態度も育てていきたい。

4 単元（題材）の指導計画（総時数6時間）

(1) オリエンテーション ……………………………………………………… 1時間
(2) スピードに乗った助走を意識して跳ぶことを楽しむ ……………………… 2時間
(3) 助走から素早く踏み切ることで，目標記録に挑戦する …………………… 2時間（本時1/2）
(4) まとめ ……………………………………………………………………… 1時間

5 単元の評価の観点

【関心・意欲・態度】
・走り幅跳びの学習に積極的に取り組もうとしている。
・分担した役割を果たそうとしている。

【思考・判断・表現】
・走り幅跳びの効率的な動き方のポイントを見つけている。
・仲間と学習する場面で，学習した安全上の留意点を当てはめている。

【技能】
・スピードに乗った助走と素早い踏み切りを一連の動作でつなげ，跳躍距離をのばすことができる。

【知識・理解】
・走り幅跳びの特性や成り立ちについて，学習した具体例を挙げている。
・走り幅跳びに関する技術の名称や行い方について，学習した具体例を挙げている。

6 本時の指導と評価の計画（第4/6時）

(1) 本時のねらい
　スピードを維持した助走から素早い踏み切りに移る動作技術を習得し，目標記録に挑戦する。

(2) 準備・資料など
　掲示物（踏み切り動作の図），タブレット型端末：4台，掲示用ホワイトボード：1台
　メジャー：3個，整地用とんぼ：3個，ガムテープ，記録用紙

(3) 本時の学習指導過程（☞下記別表を参照）

●本時の学習指導過程　別表

段階	時間	学習内容	教師の指導・留意点	生徒の学習活動	評価規準（観点・方法）
導入	10分	・活動場所の準備	・役割を果たし，進んで準備しているか確認する。	・グループごとに活動場所の準備を行う。	
		・集合，整列，あいさつ	・元気にあいさつさせるとともに欠席者・見学者の確認を行い，見学者への指示を行う。	・グループごとに整列する。	
		・準備運動	・それぞれの運動を正確に行うようにさせる。	・体操，ジャンプ系の補強運動を行う。	
		・本時の流れと学習内容の確認	・学習資料を掲示し，踏み切り角度が跳躍距離に影響することを説明し，具体的なイメージをもたせる。	・本時の学習内容について話を聞き，本時の活動内容について理解する。	
展開	32分	・助走位置の確認	・跳躍が終われば，次跳躍者の踏み切り位置を確認させ，助言させる（2ピットで行わせる）。	・前時に学習した助走位置からスタートし，踏み切りの確認を相互に行う。	〈評価1〉「分担した役割を果たそうとしているか」【関心・意欲・態度】（観察）
		・踏み切り角度を知る	・二つの班には跳躍を行わせ，残りの一つの班には半分に分かれて踏み切り局面の動画撮影および記録を測定させる。 ①A・B跳躍，C補助 ②A・C跳躍，B補助 ③B・C跳躍，A補助 （3ローテーション）	・動画をもとに互いの良さや改善点について助言し合う。 ・測定された記録を記録用紙に記入していく。	〈評価2〉「素早い踏み切りができているか」【技能】（観察）
終結	8分	・本時の学習を振り返る	・取り組んだ内容を学習ノートにまとめ，次時の課題を確認させる。 ・まとめた内容を発表させる。		〈評価3〉「動きのポイントを見つけている」【思考・判断・表現】（学習ノート）
		・あいさつ・後片付け	・ケガなどの確認を行う。		

3 指導の留意点

体育実技は，ともすれば動きの修正やトレーニング的な内容のみに陥りがちである。それらに加えて，生徒自身が新しく気づくことで生まれる意欲や仲間との関わり合うことから生まれる安心感など，どの生徒も積極的肯定的に取り組める授業を考えよう。

4 再検討（ワークシート）

●先の課題に対するあなた自身の「回答」とその「理由」をあらためてまとめよ。

〈回　答〉

〈理　由〉

課題 27　保健体育科（保健分野）教育法

◎課　題

次の分野の授業を計画および実践するにあたって留意すべきことがらについて考えよ。
〈中学校学習指導要領　保健体育〔保健分野〕　2 内容〉
（4）健康な生活と疾病の予防について理解を深めることができるようにする。
　オ　健康の保持増進や疾病の予防には，保健・医療機関を有効に利用することがあること。また，医薬品は，正しく使用すること。（文部科学省, 2008a）

1　検討（ワークシート）

●上の課題に対するあなた自身の「回答」とその「理由」をまとめよ。

〈回　答〉

〈理　由〉

●他者の意見を聞いた場合は，その「回答およびその理由」をまとめよ。

【他者の回答およびその理由】

〈回　答〉

〈理　由〉

〈回　答〉

〈理　由〉

【他者の回答およびその理由】

〈回　　答〉

〈理　　由〉

〈回　　答〉

〈理　　由〉

2　関連資料

先の課題を考えるための資料として，当該分野に関する学習指導案を以下に示す。

保健体育科（保健分野）学習指導案

学校名：○○市立○○中学校

指導者 職・氏名：○○　○○　教諭　　　実習生氏名：○○　○○

指導日時・教室：平成○○年　　○月　○日（○曜日）　第○校時
対象生徒・集団：3年○組　○○人（内訳：男子○○人，女子○○人）

1　単元（題材）名
保健・医療機関や医薬品の有効利用

2　単元（題材）の目標
保健・医療機関や医薬品の有効利用について関心をもち，学習活動に意欲的に取り組むとともに，それらの使い方を理解し，説明することができる。

3　指導にあたって

(1) 生徒観
生徒はこれまでに，健康の保持増進や疾病や感染症を予防するための方法などを学習し，「予防」についての知識や実践力を身につけてきた。しかし，病気になったときにどのように対処すればよいかについては，十分な知識や実践力が備わっていない。事前アンケートによると，7割以上の生徒が「とにかく病気になったら大きな病院に行けば安心だ」，9割以上の生徒が「薬は，親に言われた通りに飲んでいる」と答えていることから，保健・医療機関や医薬品の利用について自ら考え，選択した経験が乏しいといえる。

(2) 教材（題材）観
私たちは，病気や怪我を患ったとき，または体調がすぐれないときに医療機関や医薬品を利用する。その際，自身の病気や怪我の程度・状態によって医療機関や医薬品を選択しなければならない。特に医薬品については，平成18年6月に薬事法の一部が改正され，コンビニエンスストアなどでも購入可能となったことから，消費者は，その特殊性を十分に理解し，適正に選択・使用できるようになることが求められる。
以上のことから，自らの健康を適切に管理するための実践力を身につけさせる上で，本単元は意義深いものだといえる。

(3) 指導観
本単元の実施に際して，以下の点に留意しながら指導する。
・偽薬を用いた実験等の活動を用いて，学習意欲を喚起するとともに視覚での理解を促す。
・知識の定着および知識の活用を促すために，まとめの活動としてロールプレイング型のクイズを実施する。
これらの活動を通して，自らの健康を適切に管理する能力を意欲的に身につけることを期待したい。

4　単元（題材）の指導計画（総時数2時間）
(1) 保健・医療機関の利用 ………………… 1時間
(2) 医薬品の正しい使い方 ………………… 1時間（本時）

5　単元の評価の観点

【関心・意欲・態度】
保健・医療機関や医薬品の有効利用について，関連する資料を見たり，自分たちの生活を振り返ったりするなどの学習活動に意欲的に取り組んでいる。

【思考・判断・表現】
保健・医療機関や医薬品の有効利用について，学習したことをもとに説明することができる。

【知識・理解】
保健・医療機関の役割，利用方法，医薬品の有効性や正しい使い方について理解している。

6　本時の指導と評価の計画（第2/2時）

(1) 本時のねらい
医薬品の有効性や正しい使い方についての学習に積極的に取り組むとともに，それらを理解し，説明することができる。

(2) 準備・資料など
錠剤の断面図，カプセル（偽薬），飲料（ぬるま湯，スポーツドリンク，お茶，炭酸飲料），ビーカー，医薬品の使用量と作用図，クイズ用シート

(3) 本時の学習指導過程（☞下記別表を参照）

●本時の学習指導過程　別表

段階	時間	学習内容	教師の指導・留意点	生徒の学習活動	評価規準（観点・方法）
導入	5分	・本時の課題の設定	・医薬品の箱に記載されている「用法・用量」とは何か考えさせる。	・医薬品の箱に記載されている「用法・用量」とは何か考える。	〈評価1〉「本時の課題に関心をもち，積極的に発言することができる」【関心・意欲・態度】（観察）
		めあて：医薬品の作用や使用方法を理解し，正しく使えるようになろう。			
展開	35分	・医薬品の種類と作用	・風邪薬に含まれる眠くなる成分（抗ヒスタミン）を例に挙げ，副作用についての理解を促す。 ・薬の形状とその意味について錠剤の断面図を用いて説明する。	・医薬品には主作用と副作用があること，医薬品の形状には意味があることに気づく。	〈評価2〉「医薬品の種類と働き，主作用・副作用を理解することができる」【知識・理解】（観察）
		・医薬品の使用方法	・偽薬を用いた実験，錠剤の断面図を用いた説明により，医薬品の使用方法についての理解を促す。 ・医薬品の使用量と作用についての図を用いて，医薬品の使用量・使用時間についての理解を促す。	・医薬品には，その主作用を十分に高めるための使用回数，使用時間，使用量などの使用方法があり，正しく使用する必要があることを理解する。	〈評価3〉「医薬品の正しい使用方法を理解することができる」【知識・理解】（観察）
終結	10分	・正しい使用方法の確認	・ロールプレイング型のクイズを実施する。出題者は薬剤師役，回答者は購入者役とし，回答者が出題者の説明の正誤を判定する。		〈評価4〉「医薬品の正しい使用方法を説明することができる」【思考・判断・表現】（観察）
		まとめ：医薬品には，主作用と副作用があり，主作用を十分に高めるには，使用方法を正しく理解し，使用する必要がある。			

3　指導の留意点

教材観でも取り上げたが，本単元で取り扱っている医薬品のうち，医薬部外品と呼ばれる薬は，薬局やコンビニエンスストアで手軽に買えるため，子どもたちが手に取る可能性も高い。

したがって，保健分野の教育は，子どもたちの健康・安全に直結する内容といえ，自らの健康・安全を守るための実践力を身につけさせる絶好の機会だといえる。だからこそ，アクティブラーニングの手法を用い，実践的な学びを提供したい。

そこで，本単元では，薬局を想定したロールプレイング（役割演技）を用いて，知識の定着と実践力の向上を図った。『中学校学習指導要領解説 保健体育編』（文部科学省, 2008b）の保健分野における「3．内容の取扱い」には，知識を活用する学習活動を取り入れた指導方法の工夫が謳われており，その例としてディスカッションやブレインストーミングが取り上げられている。このような知識を活用する学習活動を積極的に導入し，子どもたちの知識の定着と自らの健康を管理・改善していくための実践力の向上を目指してもらいたい。

4　再検討（ワークシート）

●先の課題に対するあなた自身の「回答」とその「理由」をあらためてまとめよ。

〈回　答〉

〈理　由〉

課題 28　道徳教育の理論および指導法

◎課　題

次のような状況場面での行為選択について中学校 1 年生の生徒たちに考えさせる「道徳」の授業を，どのような発問と段取り・指示で展開していくかを構想してみなさい。

▶場面：中学校 1 年生の A 子は，走るのが得意で校内マラソン大会で学年 1 位をめざしているが，同級生で走るのが苦手で気弱な B 子も完走できるように励ましながら半年前からいっしょに練習してきた。しかし，マラソン本番の当日に A 子がトップで中間地点を折り返したあとに，体を揺らして苦しそうに走り今にも完走をあきらめそうな表情の B 子の姿を見た。A 子は，どうするべきだろうか。

1　検討（ワークシート）

◉上の課題に対するあなた自身の「回答」をまとめよ。

〈回　答〉

◉他者の意見を聞いた場合は，その「回答」をまとめよ。

【他者の回答】

〈回　答〉

〈回　答〉

【他者の回答】

〈回　　答〉

〈回　　答〉

2　関連資料

先の課題を考えるための資料として，当該授業に関する学習指導案を以下に示す。

道徳学習指導案

学校名：○○市立○○中学校
指導者 職・氏名：○○　○○　教諭　　実習生氏名：○○　○○

指導日時・教室：平成○○年　　○月　○日（○曜日）　第○校時　（於：○○教室）
対象生徒・集団：1年○組　○○人（内訳：男子○○人，女子○○人）

1　主題とする価値
「向上心」「友情」，および，両方の価値のあいだの葛藤

2　教材（資料）名
「マラソン大会」（荒木紀幸編『道徳教育はこうすればおもしろい』所収資料）を課題場面として要約改変。各生徒に，「課題場面（最上部に印刷済み），第1次判断・討論・第2次判断の記載シート」のプリント1枚（A4）を配布。

3　指導にあたって

(1) 価値観
道徳的価値は，数多く存在し，平成29年3月告示「中学校学習指導要領」においても合計22項目があげられている。それらは，それぞれ，単独に取り上げれば，好ましい価値であるとしても，人間が直面する現実の場面では，しばしば，これらの価値が衝突する（両立しがたい）状況に遭遇する。「向上心」と「友情」は，すでに小学校の「道徳」においても取り上げられてきた道徳的価値であるが，その二つの価値が両立困難な現実の場面を，道徳的判断力の問題として突きつけ，考えを深めさせたい。

(2) 教材（題材）観
この題材では，マラソン大会という中学校の生徒にとっても身近な行事を取り上げて，主として「向上心」と「友情」という「価値の衝突」（ないしは，「道徳的ディレンマ」）が起こる状況をテーマとしている。したがって，生徒は，自分の問題にひきつけて，この事例の「価値の衝突」について感じ，考えて，意見を言いやすいであろう。

(3) 生徒観
この学級の生徒たちは，全体として，明るくまとまった雰囲気で学級生活を営んでいるようにみえる。取りたてて，大きなトラブルは，これまで発生していないようである。しかし，そうである一方で，思春期に入り始めた時期であり，子ども時代の生き方からの脱皮を図るため，反抗期の兆候を示す生徒も少なくない。「価値の衝突」は大人になればなるほど経験することが増える問題であり，それを題材にした思考や討論は，生徒たちの心の成長に大きな意味をもつであろう。

(4) 指導観
この授業では，「向上心」と「友情」をめぐる「価値の衝突」の状況を提示したのち，まず，一人ひとりの生徒にどうするかを考えて「第1次判断」を書いてもらい，そのあとで，小グループ討論に移る。そして，そのあと，全グループから，討論の要点を報告してもらい，最後に，各生徒に「第2次判断」を書いてもらう。教師は，決して，どうするのが正しいという結論を押しつけるのではなく，両方の価値を感じて迷うのが，有限な人間のまっとうな姿だというメッセージを伝える。

4 本時のねらい

教師が導入の発問と授業進行の道筋をつけ，それにより，この課題場面に関して生徒たちが自他ともに言語活動を盛んに行い，「主体的・対話的で深い学び」を進めること。

5 本時の学習指導過程（☞下記別表を参照）

●本時の学習指導過程　別表

段階	時間	学習内容	教師の指導・留意点	生徒の学習活動	評価規準（観点・方法）
導入	5分	・本時の話題への導入的談話と発問（5分）	・「先生は，文化祭はけっこうがんばりましたが，運動会は苦手でした」。	・教師の話を聞く。	〈評価1〉「関心をもった度合い」（観察）
			・「皆さんは好きな学校行事やきらいな行事はありますか」。	・挙手して指名されたら，答える。	
展開	35分	・プリント配布〔向上心と友情とが葛藤する状況〕（5分）	・課題場面を範読する。 ・補助発問「A子さん，B子さんは，それぞれ，スタート時に何を思っていたでしょうか」。	・課題場面を知る。 ・挙手して指名されたら，答える。	〈評価2〉「状況場面をどれだけ理解しているか」（観察・問答）
		・第一次判断（5分）	・各人が第一次判断を書くよう指示する。	・各生徒は，A子がどうすべきかについて第一次判断を書く。	
		・グループ討論（15分）	・教師がランダムにあらかじめ定めた5-6名のグループに分かれて討論するよう指示する。	・各グループでさまざまな角度から課題を討論する。	〈評価3〉「すべてのメンバーが討論にしっかり参加できているか」（観察）
		・各グループ代表者発表（10分）	・各グループの代表者に，自分のグループで出た意見を各2分程度で発表してもらう。	・自分のグループだけでなく，他のグループでの討論内容も知る。	
終結	10分	・第二次判断（5分）	・各生徒に，すべての討論内容を聞いた上での第二次判断を書いてもらう。		〈評価4〉「授業後に，第一次と第二次判断を比較」（判断記載シート）
		・教師の談話（3分）	・「価値同士が衝突して迷うことはよく生じるが，悩むこと自体が道徳的なのだ」。		
		・判断シート提出（2分）	・生徒全員に「判断記載シート」を提出してもらう。		

3　課題の解説

　平成29年3月告示『中学校学習指導要領』（文部科学省，2017）の第3章「特別の教科　道徳」では，その目標は，「よりよく生きるための基盤となる道徳性を養うため，道徳的諸価値についての理解を基に，自己を見つめ，物事を広い視野から多面的・多角的に考え，人間としての生き方についての考えを深める学習を通して，道徳的な判断力，心情，実践意欲と態度を育てる」こととされている。小学校・中学校の学習指導要領の「道徳」の章には，以前から，数多くの指導内容（道徳的価値，ないし，徳目とも呼ばれる）が掲げられているが，平成29年版の中学校学習指導要領でも，「主として自分自身に関すること」「主として人との関わりに関すること」「主として集団や社会との関わりに関すること」「主として生命や自然，崇高なものとの関わりに関すること」の四つのカテゴリーに分類され，合計22項目が列挙されている。さらに，「指導計画の作成と内容の取扱い」の2の（3）では，「道徳性を養うことの意義について，生徒自らが考え，理解し，主体的に学習に取り組むことができるようにすること。また，発達の段階を考慮し，人間としての弱さを認めながら，それを乗り越えてよりよく生きようとすることのよさについて，教師が生徒と共に考える姿勢を大切にすること」が大切だとされ，さらに，

2の(4)では,「生徒が多様な感じ方や考え方に接する中で,考えを深め,判断し,表現する力などを育むことができるよう,自分の考えを基に討論したり書いたりするなどの言語活動を充実すること」が求められている。

概して,小学校においては,主として感動資料を用いて,それぞれの道徳的価値を児童の心に浸透させる「徳目注入型」の道徳授業が多いのは,発達段階からすれば,理にかなったことでもあろう。しかし,中学生にもなると,生徒たちも,道徳的価値が現実の状況の中で実現が困難である場合が少なくないことを知り,したがって,たんなる徳目注入型の授業では満足しなくなる傾向が生じる。そこで,まさにそのような現実的に判断が難しい「価値の衝突」(道徳的ディレンマ)を取り上げる授業が有効となるのである。

なお,本章では50分の授業1回で収める時間配分の指導案を例示したが,数ページあるような読み物資料を使用する場合には,1回目の授業では資料読み,関係する諸価値の列挙,第一次判断まで行い,グループ討論以降の部分は2回目の授業で行うのがよいであろう。

4　再検討(ワークシート)

●先の課題に対するあなた自身の「回答」をあらためてまとめよ。

〈回　　答〉

課題 29　総合的な学習の時間の指導法

◎課　　題

総合的な学習の時間において，現代の子どもたちに育みたい能力を踏まえた授業を計画および実践するにあたって留意すべきことがらについて考えよ。

1　検討（ワークシート）

●上の課題に対するあなた自身の「回答」をまとめよ。

〈回　　答〉

●他者の意見を聞いた場合は，その「回答」をまとめよ。

【他者の回答】

〈回　　答〉

〈回　　答〉

〈回　　答〉

〈回　　答〉

2 関連資料

①「総合的な学習の時間」の目標

小・中学校の「総合的な学習の時間」（以下，適宜「総合学習」と略記）は，2017年3月告示の学習指導要領において，以下のように目標が定められている。

> 探究的な見方・考え方を働かせ，横断的・総合的な学習を行うことを通して，よりよく課題を解決し，自己の生き方を考えていくための資質・能力を次のとおり育成することを目指す。
> (1) 探究的な学習の過程において，課題の解決に必要な知識及び技能を身に付け，課題に関わる概念を形成し，探究的な学習のよさを理解するようにする。
> (2) 実社会や実生活の中から問いを見いだし，自分で課題を立て，情報を集め，整理・分析して，まとめ・表現することができるようにする。
> (3) 探究的な学習に主体的・協働的に取り組むとともに，互いのよさを生かしながら，積極的に社会に参画しようとする態度を養う。

上述にみられる「探究的な学習」は，2008年の改訂で学習指導要領に加えられた用語である。正答を一つに絞って定めがたい問題に対して，物事の本質を探って見極めようとする一連の知的な営みのことを指し，総合学習で探究的に学習がなされる際の生徒の状態は，図29-1のように模式化される。さらに学習指導要領解説（2017年7月）では，今次の学習指導要領改訂の要点として「探究的な学習の過程を一層重視」すると記され，さらに強調されている。現代の社会や生活上にみられるさまざまな課題は，答えが多様で正答が定まらず，複数の課題が複雑に絡み合っていることも多い。そのため，問題解決に継続的に取り組む「探究的な学習」，複数領域・教科にまたがる知を活用する「横断的・総合的な学習」の実践をねらいとする総合学習は，現代の子どもに求められる資質・能力の育成に適した学習過程といえる。また，目標を実現するにふさわしい探究課題として，国際理解，情報，環境，福祉・健康が学習指導要領で例示されているが，これらはあくまで参考であり，それぞれの学校で地域や学校，生徒の実態に応じて，探究課題を設定する必要がある。

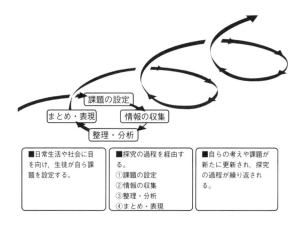

図 29-1　探究的な学習における生徒の学習の姿
（文部科学省，2008：13）

②「経験主義」の課題と総合学習

学習指導要領の変遷をたどると，日本の戦後教育は系統主義と経験主義の二つの極のあいだを振り子のように揺れ続けている，としばしば指摘されてきた。この二極のうち，総合学習は学習者の主体性，興味や関心を重視する「経験主義」の系譜に位置づけられるが，経験主義は1950年代には「這い回る経験主義」と揶揄され，学力低下をまねくとして批判を浴びている。そして，総合学習が導入された1998年改訂の学習指導要領に対しても，授業内容の削減が主な

批判点という側面はあるが，同じく学力低下を不安視する声があがり，その後，学習指導要領の系統化を強める路線変更がなされている。

　それでは，経験主義的な総合学習は本当に学力低下をもたらすのであろうか。この批判に対しては，まず「学力」とは何か，という捉え方の違いや，捉え方の変化（新しい学力観など）が反論として考えられよう。だが消極的な反論だけでなく，総合学習が学力向上に寄与するという，より積極的な主張が研究者によってなされていることは注目に値する。

　志水は，学校がつくり出す効果によって学力格差を克服した「効果のある学校（effective schools）」研究に範をとりつつ，日本の小・中学校での調査研究の中でみえてきた，教育効果の高い学校の特徴として，「学習意欲」や「自学自習」をキーワードとする指導，「個別学習・少人数学習・一斉指導」を柔軟に組み合わせた授業，わからないと言える集団づくりなどの取り組みを挙げる。それらとともに指摘されるのは，「総合学習」などで子どもたちが「進路」や「生き方」を考えることを重視し，学習に動機づけを促していることである（志水，2002）。ここでいう学習の動機づけにつながる「生き方」教育は，総合学習の特性を生かしながら学校教育全体に正の効果をおよぼす可能性を開き，これまで経験主義の課題とされた学力の向上に総合学習が役立つことを示唆している。

③子どもたちに育みたい能力とハイパー・メリトクラシー

　本田は，現代では近代社会よりも苛烈な「ハイパー・メリトクラシー」（超・能力主義），すなわちむき出しのメリトクラシー（能力主義）によって，個々人をその有用性で処遇する業績主義が前面に押し出されているという。そしてハイパー・メリトクラシー下での業績は，人間存在のより全体，ないし深部にまで及ぶものとなり，そこで要請される「ポスト近代型能力」は，多様で情動的な部分を多く含んでいる，と指摘する。さらに，総合的な学習の時間はポスト近代型能力形成のためにデザインされたプログラムであるが，内容も方法も定められていないため，効果のほどは未知数だとも述べられる（本田，2005）。

　また教育行政の文書でしばしば取り上げられる「知識基盤社会」という社会の捉え方にせよ，生きる力やOECDの主要能力（キー・コンピテンシー）が重視する能力にせよ，いずれも現代の子どもたちに育みたい能力を考察する上で参照され得るものであるが，これらがポスト近代社会の捉え方，ハイパー・メリトクラシーの要請するポスト近代型能力の特徴と合致していることには注意が必要である。なぜなら，「そもそも，意欲や創造性など，内面的な性格が強い「ポスト近代型能力」に，学校教育が直接に介入しようとすること自体が是認されうるのかを問う必要がある」（本田，2005）と問題提起されるように，総合学習で育みたい能力，そしてそれと連動する学習評価の定め方によっては，個々人の「心」の検閲につながる危険性をはらむからである。

3　課題の解説

　総合的な学習の時間の問題として，佐藤は（1）日本の教師は創造性を重視した教え方に慣れていない，（2）教科内容の裏づけがないため，内容が表面的になりがち，（3）既存の教科の時間を縮小し，カリキュラムを細切れにした，という三点を挙げている。その一方で「日本全国の教師に，カリキュラム開発の裁量と実践，創造的で問題解決的な学びのデザイン，主体的な調査・発表をベースとした考え方を，経験させたこと」には大きな意義があるという（佐藤，2014）。実際，総合学習は導入当初「教育現場に大きな当惑をもたらした。何を指導すべきか指針が得られなかったからである」（山口，2011）といわれる。それゆえ，与えられた指針の知識

確認だけでなく，総合学習の根本的な目的や内容を教師の視点に身を置いて考え，カリキュラム開発や創造的な学びをデザインする上での留意点を模索するといった本章の課題は，総合学習の特徴であり，かつ日本の教師が少なからず苦手としてきた取り組みについての考察となっている。そして，新学習指導要領で打ち出されたカリキュラム・マネジメントにせよ，アクティブラーニングにせよ，総合学習との親和性は高く，先行的に総合学習で各学校・教師に求められてきたことがらが，今となっては学校教育全体への拡大を求められている，ともいえよう。

「現代の子どもたちに育みたい能力」としては，「知識基盤社会」などの現代社会に対する認識から，現代に求められる能力を考えたり，PISAやTIMSSなどの国際学力比較調査や全国学力・学習状況調査などの結果から，現在の子どもの苦手とする分野を探り，その克服のための能力育成を考えたりすることができる。その一方で，これらから導かれる視点が「ハイパー・メリトクラシー」に同調し，過度の業績主義，能力主義の容認や，子どもの内面への直接的な介入につながりかねない側面があることには注意をはらいたい。

また，総合学習の目標として「自己の生き方」（高校では「自己の在り方生き方」）を考えることは従来から盛り込まれていたが，「教育効果の高い学校」の研究でみられたように，学習の動機づけにつなげるかたちで「自己の（在り方）生き方」を考えることは十分になされてきたであろうか。あらためて学習指導要領やその解説で示される「目標」を十分に理解することも留意すべきである。そして，カリキュラム開発にあたっては，教師個人がたずさわることの意義は大きいが，それと同時に，学校全体や児童生徒がどのように関わるかについて熟慮する必要がある。

4　再検討（ワークシート）

●先の課題に対するあなた自身の「回答」をあらためてまとめよ。

〈回　　答〉

課題30　特別活動の指導法

◎課　題

特別活動として校内での学習を計画する際に，あなたが特に重点を置きたい教育目標と，その授業を実践するにあたって留意するべきことがらについて考えよ。

1　検討（ワークシート）

●上の課題に対するあなた自身の「回答」とその「理由」をまとめよ。

〈回　答〉

〈理　由〉

●他者の意見を聞いた場合は，その「回答およびその理由」をまとめよ。

【他者の回答およびその理由】

〈回　答〉

〈理　由〉

〈回　答〉

〈理　由〉

〈回　答〉

〈理　由〉

〈回　答〉

〈理　由〉

2 関連資料

①特別活動とキャリア教育の意義

文部科学省（2017）の『中学校学習指導要領』では，特別活動の目標を「集団や社会の形成者としての見方・考え方を働かせ，さまざまな集団活動に自主的，実践的に取り組み，互いのよさや可能性を発揮しながら，集団や自己の生活上の課題を解決することを通して，次のとおり資質・能力を育成することを目指す」としている。「(1) 多様な他者と協働する様々な集団活動の意義や活動を行う上で必要となることについて理解し，行動の仕方を身に付けるようにする。(2) 集団や自己の生活，人間関係の課題を見いだし，解決するために話し合い，合意形成を図ったり，意思決定したりすることができるようにする。(3) 自主的，実践的な集団活動を通して身に付けることを生かして，集団や社会における生活及び人間関係をよりよく形成するとともに，人間としての生き方についての考えを深め，自己実現を図ろうとする態度を養う」という3点である。

特別活動は「なすことによって学ぶ」活動である。現代の子どもたちは，自然体験が減少し，バーチャルな世界に触れる機会が増加している。そのため，複雑な現代社会を生き抜いていく力を身につける場や機会は減少している。特別活動では，子どもたちは集団活動の中でコミュニケーション能力を高め，自ら選択や決断することを体験し，参加や達成の喜びを感じることができる。これは「生きる力」の育成であり，「一人一人の社会的・職業的自立に向け，必要な基盤となる能力や態度を育てることを通して，キャリア発達を促す」というキャリア教育につながるものであるとされている。

ところで，キャリア教育は，学校の教育活動全体を通して行われるべきである。とりわけキャリア教育と特別活動が関連し合う中で，高い教育効果を図ることが可能となる。本来，特別活動では，意図的，計画的に子どもたちに体験の機会を与えることが重要である。そして，特別活動は集団活動を通して身近な生活上の課題を解決するという教科の枠を越えた活動であり，各教科で培われた資質・能力が総合的に発揮される場である。この点で，特別活動はキャリア教育の推進を図るための中核的な役割を果たすものなのである。

②兵庫県の「トライやる・ウィーク」の実践事例

ここでは，将来の社会生活や職業生活につながる特別活動の実践事例として，「トライやる・ウィーク」を取り上げる。「トライやる・ウィーク」は，中学2年生を対象にしたキャリア教育である。生徒たちは1週間，地域内の希望した事業所などで職業を体験する。この背景には，平成7年の阪神・淡路大震災，平成9年の神戸市須磨区の痛ましい少年事件がある。これを受けて，兵庫県は人間としてのあり方・生き方を考えさせる「心の教育」を推進し，生徒に他者と協力・協働して社会に参画する態度や，自ら考え主体的に行動し問題を解決する能力などを育成することを目指している。現在，「トライやる・ウィーク」は，他の都道府県へも波及しており，家庭・学校・地域の連携システムの構築，生徒の勤労観・職業観の深まりなどに一定の成果をあげている。

表30-1は，兵庫県の中学校において平成26年度に実施された「トライやる・ウィーク」に係る取り組みである。この事例に筆者は直接関わる機会を得ることができ，事後指導の活動レポートや，発表会の資料では，生徒が意欲的に取り組んでいる姿を見ることができた。特に，1年時の職業インタビューや，事前指導から事後指導までの計画が編成されていることで，生徒に働く意義を伝え，進学や進路につなげるための体験を提供することができたと考えられる。

表30-1 「トライやる・ウィーク」実施の流れ

○トライやるに係る取り組み	
平成25年度冬季休業中	課題「身近な人への職業インタビュー」
平成26年1月	職業インタビューレポート作成・教室前廊下掲示
1月〜2月	冊子「道路クラブ」の活用 ・いろいろな職業について（別プリント：職業名200！） ・それぞれの職業へと続く道（上級学校について） ・職業適性検査 ・働くことの意識について 一人暮らしにかかる費用（税金も含む）や生涯賃金など別プリント
3月初旬	生徒アンケート（体験してみたい職種：第2希望まで）
平成26年3月中旬	トライやる推進委員会
3月下旬〜	各事務所訪問・受け入れ依頼（トライやる推進委員の方々）
平成26年4月中旬	生徒アンケート（第1希望のみ） マナー学習（あいさつの仕方・言葉づかいなど）
4月下旬	活動事業所決定
5月下旬	プロフィール作成
平成26年5月中旬	各事業所作成（学年職員）
平成26年5月下旬	トライやる活動日誌の活用 ・マナー学習（事前訪問の仕方など）
6月初旬	生徒事前訪問
6月9日〜	トライやる・ウィーク
6月中・下旬	作文，お礼状，文集原稿，活動レポート作成
平成26年6月下旬	トライやる発表会，お礼状の送付
平成26年7月初旬	トライやる発表会準備
7月7日（月）	トライやる発表会
平成26年7月下旬	トライやる・ウィーク文集完成，配布・送付

生徒の活動レポートにみられた代表的な成果は，以下の通りである。

- あいさつの大切さや正しい言葉遣い，話し方や伝え方の大切さを知ることができた。
- 自分が将来なりたい職業を実際に体験して，今の自分が何をするべきか学んだ。
- 働くことの大変さを知ることができた。

上述のように「トライやる・ウィーク」の事例では，マナー学習や事前訪問を通して，職場体験を行う理由が明確にされていた。マナー学習では，生徒同士がグループになって，あいさつ練習を繰り返し行うことで，社会的スキルが定着していく様子がみられた。ここには，1年間の継続的な取り組みと事前指導の重要性が示されている。また，活動終了後には，作文や活動レポートを通した振り返り，自らの体験を発表する「トライやる発表会」が行われた。一人ひとりが，資料を作成し，発表をすることにより，学びを定着させ，将来の進路選択，社会的自立につながるキャリア教育の一環として重要な機会となっていた。しかしながら，「トライやる・ウィーク」における職場選びでは，生徒の興味・関心に偏りがあり，保育や接客業の人気が高く，福祉を希望する生徒が少ない。このように，生徒の職業意識に差がみられ，活動後の達成感や充実感に差が出ることもある。学校はPTAや地域と協働し，生徒の興味・関心に応じた事業所を確保しつつ，今後も職業理解を深めるキャリア教育を推進していくことが期待される。

3 課題の解説

　課題に示した重点を置きたい教育目標は，特別活動の目標に示されたものに準ずる。中央教育審議会（2016）によって示された答申では，2030年の社会のあり方を見据えながら，生徒一人ひとりが予測できない変化に主体的に向き合って関わり合い，その過程で自らの可能性を発揮し，よりよい社会と幸福な人生の創り手となっていけるような教育を行う重要性が指摘されている。これからの社会では，進化した人工知能（AI）による職業喪失の懸念，時代の変化に対応できないことへの漠然とした不安などから，生徒のキャリア形成の必要性が高まることが予想される。特別活動は，キャリア教育の中核に位置づけられており，学級活動・ホームルーム活動，職場体験などを通して，生徒の社会生活や職業生活につながる資質・能力を養うことを目指している。

　佐々木（2014）によれば，特別活動の特質は，課題や問題の出現，または課題の提示に始まり，計画の立案と集団決定の後に実行され，その結果を受けて，事後の活動として，結果の振り返りや評価を行い，次の活動へ生かすという一連のプロセスに基づいて実施されることにある。先に取り上げた兵庫県の「トライやる・ウィーク」の事例のような実践を通して，生徒の社会性を日常的に涵養する場や機会を増やすことが大切になるのである。また，集団活動として，行事に向けて学級の取り組みについての話し合いを行うことも大切である。生徒一人ひとりのキャリア意識を高め，将来の社会生活や職業生活につながる資質・能力を養うため，適切な言葉遣いや話を聞く態度などの社会的なスキルを身につけられるように配慮した事前・事後指導を工夫していくことも必要であろう。

4 再検討（ワークシート）

●先の課題に対するあなた自身の「回答」とその「理由」をあらためてまとめよ。

〈回　　答〉

〈理　　由〉

課題 31　ICT（情報通信技術）機器の活用

> ◎課　題
> ICT（情報通信技術）機器を活用することによって，あなたならばいかなる授業を実践するだろうか。具体的な手立てについて提案せよ。

1　検討（ワークシート）

●上の課題に対するあなた自身の「回答」とその「理由」をまとめよ。

〈回　答〉

〈理　由〉

●他者の意見を聞いた場合は，その「回答およびその理由」をまとめよ。

【他者の回答およびその理由】

〈回　答〉

〈理　由〉

〈回　答〉

〈理　由〉

〈回　答〉

〈理　由〉

〈回　答〉

〈理　由〉

2 関連資料

①教育におけるICTの活用

ICTとは，情報通信技術（Information and Communication Technology）を表す略語である。国内では現在，教育の場でICTを活用することを推進しており，環境整備のための国家予算が計上され，文部科学省では学校のICT環境の整備のための取り組みを促進するための各種事業が行われている（文部科学省，2016）。

ICTを活用した機器（以下，ICT機器）を教育の場で用いることにより，教育活動の効率化や多様化が進むことは容易に推察できる。たとえば，生徒たちが，パソコンを活用することで，さまざまな情報を収集しながら主体的に学ぶ可能性が広がる。また，パソコンなどで活用できる，いわゆるe-learningのコンテンツを利用することで，個々の学習者の特性に応じた学びを実現することにつながる。教員が授業づくりをするという視点でICT機器に目を向けると，適切な視覚教材などのコンテンツを用いることによって，より多くの学習者の興味や関心を引き出す実践の可能性を秘めている。さらには，離れた学校間をICT機器でつなぐことで，学校間で生徒同士が学び合うことも可能になる。

一方で留意すべきは，ICT機器を活用すること自体が目的化しないように心がけなければならないという点である。言い換えれば，ICT機器の活用においては，少なくとも本来の教育目標を適切に踏まえながら活用することを意識しておきたい。

②学校で活用できるICT機器

教育の場で活用することができるICT機器は，各自治体や学校の環境整備のあり方によって異なる。このことから，教員としては，勤務校における機器の整備状況に合わせた活用を計画しなければならない。ここでは，目下，各自治体や学校で環境整備が進みつつあるICT機器について確認しておくことにする。

（1）情報通信端末

パソコン，タブレット型端末といった，情報ネットワークと接続できる端末を指す。教員においては，提示可能な教材をネットワークから選ぶことにより，生徒たちの興味を高めたり，理解を深めたりすることに活用できる。教員の立場であれば，自身のスマートフォンを，タブレット型端末の代用とすることも可能である。生徒たちに教育の場で活用させる場合では，プロジェクトなどの学習場面における情報収集作業での活用が想定できる。また，通信機能をうまく活用すれば，ネットワーク上での，生徒同士の情報交換などにも利用することが可能である。

特に，タブレット型端末においては，カメラなどももつ多機能性や，持ち運びやすさという点から，学校の教育用機器としての利便性が高い。さらに，基本的にはパソコンの機能ももっていることから，後述のデジタル教科書や学習に資するソフトウェア（アプリ）をプログラムとしてインストールすることが可能である。さらに，各種機器との接続が容易である。こうしたことから，次世代の教育用のICT機器の中核を担うことが予想される。

（2）実物投影機

教材や立体物をビデオカメラで撮影してデジタル入力された画像を，プロジェクターやディスプレイなどの機器に接続して映し出す機器である。書画カメラやOHC（Overhead Camera）などと呼ばれるものもこれに相当する。教室で一つの映像を生徒たち全体に共有できることか

ら，生徒たちがもつ教科書や資料集の参照箇所を明確に示したり，教員が手元で行う作業を全員に見せたり，教員が授業のために持参した一つの実物教材を拡大して共有したりすることなどが可能である。

(3) 電子黒板

電子黒板は，機種によって仕様は異なるが，近年ではプロジェクターやディスプレイを通じて投影された教員用の情報通信端末の映像に対して，電子黒板本体あるいは電子黒板に付随するボタンやタッチペンなどで操作したり書き込みができたりするなどの特徴をもつものが増えてきた。さらには，生徒用のパソコンやタブレットと，無線で接続できる機種であれば，電子黒板に投影した内容を学習者に転送したり，学習者の作業を電子黒板に投影したり，それらを電子ファイルとして保存したりすることができる機能を有するものもある。

(4) デジタル教科書

教科書の内容について，デジタル化したコンテンツである。大きくは教員用（教材提示用）と，生徒用に分類することができる。教員用のデジタル教科書は，パソコンなどの情報通信端末にインストールしたものをプロジェクターで出力することにより，当該情報を生徒たちと共有したりできる。電子黒板を出力先とすれば，デジタル教科書に収録されたコンテンツに教員が授業中に手書きで加えた情報も，生徒たちと共有できることになる。さらにデジタル教科書では，紙媒体で出版されているものよりも，教育に役立つ多くの情報が付加的に収録されている。たとえば英語科のデジタル教科書であれば，音声出力ができるようにしておけば，デジタル教科書に収録されている単語や文のネイティブスピーカーの発音を聴くことができる。さらには，教科書の単元で扱われたストーリーを映像化したものや，単語のフラッシュカードなど，さまざまな補助的なコンテンツが含まれており，生徒たちの理解の促進や深化，さらには復習にも活用することができる。

生徒用のデジタル教科書は，主としてタブレット型端末にインストールして活用するように作成されたコンテンツである。教員用のデジタル教科書に準じた学習用コンテンツであり，授業の中で使用する機会に加えて，生徒たちが予習や復習などの自学自習をする機会も想定した内容が開発されている。もっとも，生徒たちの学習に効果的に活用されるためには，一人ひとりの生徒たちにタブレット型端末が所有されることが必要であり，こうした点での環境整備のあり方は，引き続き教育の場での課題となっている。

③情報活用能力

生徒たちが，ICT機器を活用するかたちの授業を進めていくためには，生徒たち自身にその能力を育むことが求められる。こうした能力は，情報活用能力（情報リテラシー）と呼ばれている。情報活用能力は多岐にわたるものである。舟出（2012）は，文部科学省が示す「情報活用能力」の三つの観点（情報活用の実践力，情報の科学的な理解，情報社会に参画する態度）について次のようにまとめている。「情報活用の実践力」は「情報を，集める，まとめる，作る力，その作り手のことを考えて判断する力，相手のことを考えて，表現したり伝えたりする力」である。「情報の科学的な理解」は「情報をより良く活用するためにはどうすればよいかを知っていること」である。そして「情報社会に参画する態度」は「他の人たちに迷惑をかけない姿勢，他の人たちと，より善く，仲良く，生きていこうとする態度」である。

④**情報モラル教育**

　ICT機器を活用した活動を生徒たちが行う場合，情報モラルの視点からの教育も必要である。情報モラルは，情報活用能力の一部とも位置づけられるが，生徒の学習にかかる能力のみならず，日常生活での基本的な態度にも大きく関わることから，情報モラル教育として特に重視した方がよいだろう。西口（2012）は，学校教育における情報モラル教育を行う上で，五つの教育目標を示している。それは，「状況にふさわしい情報通信端末の使用」「適度な情報通信端末の使用」「氾濫する情報に対する適切な態度」「思慮分別のある個人情報の発信」「他者間で問題の生じないインターネット利用」である。

3　課題の解説

　ICT機器の活用については，勤務校に整備された環境の範囲内で可能であることを踏まえた上で，生徒たちにいかなる能力を育むかを念頭に置いた活用を考える必要がある。教科についての教育目標を踏まえつつ，その目標の達成により効果的な教育方法の手段として，ICT機器を活用する計画を立てたい。また，ICT機器を生徒たちに活用させる授業を計画するのであれば，教科に関する教育目標のみならず，生徒に対して育むべき能力として，情報活用能力を高めるという教育目標も併せて考える必要がある。その際，情報モラル教育を並行してすすめていくことにも気をつけたい。いずれの場合においても，ICT機器を活用すること自体が目的とならないように留意しなければならない。

4　再検討（ワークシート）

●先の課題に対するあなた自身の「回答」とその「理由」をあらためてまとめよ。

〈回　　答〉

〈理　　由〉

第5部
教育の制度と課程

....

【課題 32】～【課題 36】

課題32　学校の社会的・制度的特徴

> ◎課　題
> 日本の学校教育制度にはどのような特徴があるといえるだろうか。あなたの見解をまとめよ。なお，まとめる際に「日本の学校教育制度には（　A　）という特徴がある。その特徴は（　B　）に表れている」という文章で考えるとよい。（　A　）が制度の特徴に対する見解を述べる「回答」となり，（　B　）が特徴を表す「具体的な例」となる。

1　検討（ワークシート）

●上の課題に対するあなた自身の「回答」とその「具体的な例」をまとめよ。

〈回　答〉

〈具体的な例〉

●他者の意見を聞いた場合は，その「回答およびその具体的な例」をまとめよ。

【他者の回答およびその具体的な例】
〈回　答〉
〈具体的な例〉
〈回　答〉
〈具体的な例〉
〈回　答〉
〈具体的な例〉

【他者の回答およびその具体的な例】
〈回　　答〉

〈具体的な例〉

2　関連資料

①「公教育」としての学校教育制度

　日本で学校教育制度が確立したのは明治期である。近代国家を目指す明治政府は，各国の教育制度を参考にして「学制」を1872年に制定した。江戸時代の庶民教育は，私設の教育機関である寺子屋を主とする私教育であったが，学制によって全国規模の学校制度が国家によって準備され，ここに日本の公教育がはじめられた。だが佐藤（2017）によると，現代の公教育制度は①義務性，②無償性，③中立性の三原則に基づいており，「学制」の段階ではいまだ不完全であって，これらの原則を満たした公教育制度の整備は，戦後の民主化によって実現されたところが大きい。

　1947年に制定された教育基本法は，民主主義による教育の根本理念を示し，同時に制定された学校教育法によって，戦後の新たな学校制度が規定された。学校教育法の制定にあたっては①教育の機会均等，②普通教育の普及向上と男女差別の撤廃，③学校制度の単純化，④学術文化の進展（大学数の増加，大学院の充実）の四点が制度改革の要点とされた。さらに制度面では，6年制の小学校への改編，中等教育段階を3年制の中学校，高等学校とし，6・3・3・4制の単線型学校体系が樹立され，9年の義務教育期間を小・中学校で実施することと定められた。そして学校教育法第1条には，いわゆる正系の学校として幼稚園も定められ，公的な学校体系に位置づけられた。これらの改革点や制度は，時に後退や変化はみられるが，その後の長きにわたって日本の学校教育制度の基盤となり，大筋でその特徴をかたちづくった。学校教育法は1947年以来，日本の教育制度の根拠規程として機能してきたが，2006年の教育基本法改正を受け2007年に改正された。これらの法改正の理由には，制定から半世紀以上が過ぎ時代に対応していない，子どものモラル低下などが挙げられたが，改正理由の根拠となる「危機」論が正当であるかには疑問も呈される（藤田, 2005）。

②教育の「画一性」と「平等主義」

　「日本の教育に，「画一性」という言辞で表現される側面が強かったことは否定できない史実」（安彦他, 2012）といわれるように，教育の画一性は日本の教育の特徴として捉えられるが，これは多様性のなさという視点に立つと批判の対象となる。たとえば1984年の臨時教育審議会による「教育改革に関する第四次答申」では，日本の学校教育や教育行政の問題や限界として「画一的」という語を繰り返し使用しつつ従来のあり方を批判している。

　一方で「画一性」の例として，1958年より法的拘束力をもつとされる学習指導要領は近年，学習内容を制限する，いわゆる歯止め規定が原則削除されてはいるものの，学校教育と学習に一定の制限と画一性をあたえているということができる。だが学習指導要領の目的は「全国的に一定の教育水準を確保」（文部科学省, 2008）することにあり，これは国民の教育を受ける権利を保障し，教育の均質性による平等主義の立場を堅持するものでもある。また，明治期よ

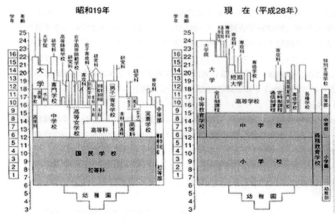

図32-1 戦前と現在の学校系統図（佐藤, 2017：46）

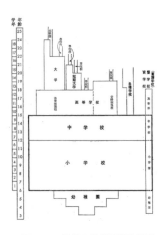

図32-2 戦後の単線型学校体系
（文部省, 1972：336）

り採用されていた分岐型学校体系（図32-1左）を廃止し戦後に導入した単線型学校体系（図32-2）は，もともとが教育の平等主義を志向して導入されたものである。

学校体系は複線型，単線型，分岐型の3種類に大別することができる。かつてヨーロッパ各国では，庶民と貴族階級対象の学校が併存する複線型をとっており，それぞれの学校系統が交じり合わず，階級差や職業区分を維持する機能を果たしていた。そして分岐型は複線型と単線型の中間に位置し，途中から学校系統が分かれる一種の複線型と考えられる。対する単線型はアメリカに代表され，連続する単一の教育段階からなる学校体系である。ヨーロッパでは複線型から分岐型，単線型へと制度を改革した歴史をもつ国が多く，ここには教育の公平・平等を図る変革が認められる。ところが日本では，高等専門学校（1961年）や中等教育学校（1998年），義務教育学校（2016年）の設置，高校から大学への飛び入学制度（2001年）などが学校教育法に追記されたことで，単線型から，逆に「個性と能力の多様性」に依拠した複線型の学校体系（図32-1右）へ変質してきているという（解説教育六法編修委員会，2017）。

3　課題の解説

日本の学校教育制度の特徴を論じるには，「日本」という国が関わる教育制度，すなわち公教育についての理解が必要となる。それと同時に，他国の学校教育制度との比較を通じて他とは異なる特徴を鮮明化することが有効である。また，制度のあり方は常に一定ではなく，同じ日本の学校教育制度といっても時代や政策動向によって変化がみられ，たとえ同時代であっても学校種や私立・公立の別などにより違いがみられる。そのため，国家間比較や歴史上の変化を考慮して，（1）変化しながらも揺るがない根本的な特徴，（2）他国と異なる日本の特徴，（3）変化の方向性の特徴などを根拠としながら，学校教育制度に関する自らの印象や経験など，具体性のある独自の事例や自分なりの理解を合わせて表明しつつ，現在の日本の学校教育制度の特徴を述べられるとよい。

ところで，上述の三点に関して少し違った視点から考えてみたい。新堀通也編『現代教育の争点』では，教員養成問題，教育の多様化，学力論争，学校五日制と学校開放，といった項目が「争点」として挙げられている（新堀，1976）。いずれも現在の日本の学校教育に関わる重要な課題であり，学校教育制度を論じる上で避けて通れないテーマと思われるのではないだろうか。ところがこの『現代教育の争点』は1976年刊行であり，今から40年以上前の本である

(「テレビと非行」「学区制と高校全入」といった項目は，現在とは論点にずれが認められよう）。なぜ，今なお教育の争点として40年前と共通する内容がみられるのだろうか。それは，年月を経てもなお変わらない教育上の本質的な争点があり，かつこれらの項目は，完全な正答となる結論のない課題であるからなのではないか。よく学習指導要領の教育理念は，経験主義と系統主義のあいだを振り子のように揺れているといわれるが，これも一つの争点をめぐる変動とみられる。だが確たる理念や長期的な展望によってではなく，前の施策と逆に向かうことが「改革」とされる観もあり，場当たり的に制度変化をもたらすことはかえってこれまで備えていた日本の学校教育制度の特長を損なう危険もある。

藤田（2007）は，「日本の教育は，これまで，すべての子どもの基礎学力の形成，生活指導・健康指導などを含むケア機能の充実，カリキュラム・教育実践の総合性・包括性，教職員の自己研鑽と同僚性・協同性などの点で優れていると国際的に評価」されてきたという。これらすべてが学校制度のもたらした教育文化ではないが，これらが制度改革で消滅する可能性は十分考えられる。また近年の度重なる制度改革は学校教育の継続性・安定性を脅かしているうえ，情報収集など改革への対応が教員の多忙化・疲弊を招いている点も危惧される。

それでは，上述のような危惧があっても，なお改革すべき，日本の学校教育制度に特徴的な問題点とは何だろうか。またその問題点に対処するための改革の進め方はどうあるべきだろうか。先の課題を以下にあらためて考えたのちに，発展的な検討課題として，あなたの見解をまとめてみてほしい。

4　再検討（ワークシート）

●先の課題に対するあなた自身の「回答」とその「具体的な例」をあらためてまとめよ。

〈回　　答〉

〈具体的な例〉

課題 33　学校経営

◎課　題

学校における教員の職階制は，かつては「なべぶた型」といわれ，現在はいわゆる「ピラミッド型」になったといわれている。これを，もし「枝分かれ型」（教務・生徒指導・進路指導といった専門部署のタテ軸＝ライン組織ごとに仕事内容を分割した方式）の職階制にした場合，どのようなことが起こるだろうか。「なべぶた型」や「ピラミッド型」と比較しつつ，あなたの見解をまとめよ。

1　検討（ワークシート）

● 上の課題に対するあなた自身の「回答」をまとめよ。

〈回　答〉

● 他者の意見を聞いた場合は，その「回答」をまとめよ。

【他者の回答】

〈回　答〉

〈回　答〉

〈回　答〉

【他者の回答】
〈回　答〉

2　関連資料

①教員の階層化

　教員の組織形態は従来,「なべぶた型」と称されてきた。「ふたの摘まみ」にあたるのが少人数の管理職の校長・教頭で,その下に「ふた」にあたる多数の教諭がおり,横並びで同一の職階にあるという図式である。しかし,明治期よりすでに学校では組織上の必要性に応じてこれらの職だけでなく,慣例的な職として,しばしば複数の主任がおかれていた。そして1975年の文部省令改正によって主任・主事（教務主任,学年主任,生徒指導主事など）が,校長の職務命令による指導職として制度化された。この主任・主事の機能は「連絡調整及び指導,助言」（学校教育法施行規則第44条,第70条,第71条）をすることと定められており,職務命令を発することはできず中間管理職ではないとされる。しかし,主任・主事の制度的認可は教員の階層化につながるとして批判もなされた。

　2003年度には東京都で,学校に主幹の職が新設された。主幹とは校長,教頭に次ぐ職制であり,東京都に独自の制度として全国ではじめて導入された。東京都の主幹の職責については「担当する校務に関する事項について,教頭を補佐するとともに,教諭等を指導・監督する」（主任制度に関する検討委員会,2002,傍点は引用者による）とされ,主任とは異なる監督の機能が明記されている。その後,名称はさまざまであるが他府県でも類似の制度が設けられ,さらに2007年の学校教育法一部改正によって,主幹教諭が制度化された。ここでの主幹教諭の職は,「校長（副校長を置く小学校にあつては,校長及び副校長）及び教頭を助け,命を受けて校務の一部を整理し,並びに児童の教育をつかさどる」（学校教育法第37条第9項）と示され,東京都の文書に記された「監督」という表現はみられない。しかし「校務の一部を整理」するとは,職務命令を発することができるということであり,主任とは違い中間管理職と位置づけられる。さらに同法改正では,主幹教諭のほか副校長や指導教諭といった,新たな職が創設された。これにより,いわゆる「なべぶた型」といわれてきた学校の職階制に対し,校長を頂点として,その下に複数の階層が徐々に裾野を広げる「ピラミッド型」の組織へと変化してきたとされる（図33-1）。このような組織形態の変更は,校長がリーダーシップを発揮できるように,意思決定の迅速化・効率化を目的としている。

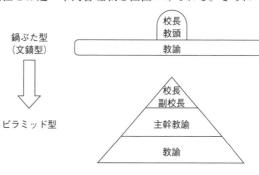

図33-1　学校組織の変化（酒井, 2012：133）

②重層構造論争から考える学校組織

　学校教員の職階制をめぐっては,すでに1960年代の半ばから「重層構造論争」とよばれる議

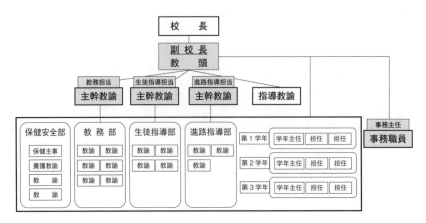

図33-2 改正後の学校の組織運営のイメージ（中学校の場合）（文部科学省, 2007：4）

論がなされている。論争の的となった学校重層構造論とは、学校組織を経営層（校長）・管理層（教頭・主任）・作業層（一般教員）に位置づけ、それぞれの職務権限を明確にして教育の効率化を図るべきとする、学校経営の合理化を目指す見解であった。これを批判する学校単層構造論の立場からは、重層構造論が組織を階層化するものであって、教員間の上下関係による権力構造が強化されて非民主的になると主張された。これを言い換えると、学校をピラミッド型組織としてみる重層構造論と、なべぶた型組織としてみる単層構造論の対立として捉えることが可能である。

名越はこの重層構造論争について、「教師の職場組織をどうみるかという2つの論は、イデオロギーや価値志向と関係して、現実には、学校経営組織をめぐるそれぞれの立場を固める理論的支柱としての機能を果たしてきたといえよう」（名越, 1986）と評し、単層構造論は日教組や多くの現場教師に支持され、一方の重層構造論は教育行政当局や学校内管理職層の支持を得てきたとみられる、と論じている。たしかに名越が論じた時点においては、それぞれの教員が、自らの立場に応じた理論的支柱として単層構造論、重層構造論を支持した状態であったといえるが、先にみたように、近年の学校教育法改正においてはピラミッド化が進展し、教員組織の重層構造化は理論や理念のみならず、現実化しているといえる。とはいえ、新しい職である副校長・主幹教諭・指導教諭は「置くことができる」とされ、必置ではないことは注意を要する。

文部科学省の実施した、平成27年度公立学校教職員の人事行政状況調査から「新しい職」の該当人数を抽出すると、副校長が3,857人（うち中学校は942人）、主幹教諭が20,782人（同6,389人）、指導教諭が2,269人（同632人）であった。それに対し、公立学校数は速報値で33,229校（同9,333校）である。この数値からは、文部科学省が当初示した組織運営イメージ図（図33-2参照）のように、副校長や指導教諭がいる学校は少ないと考えられる。そして、もし図33-2の通り主幹教諭が1校当たり3名ずつ在籍するとすれば、主幹教諭のいる中学校数は全体の4分の1以下となるため、主幹教諭がイメージどおりに在籍する学校の数も全体からみると少ないと推察される。上記をふまえれば、ピラミッド化が進んだのは事実にせよ、すべての学校が「ピラミッド型」化しているとはいいがたい。

3　課題の解説

もし「枝分かれ型」にして、ライン組織ごとに独立した専門部署にするならば、おそらく図33-2に示されたようなイメージの人員配置がすべての学校で実現されるだけでなく、タテの

ラインが太く濃くなるだろう。さらにはタテのライン組織ごとのつながりが強くなるため，各ラインそれぞれのあいだの分離が今以上に明確化する。教務・生徒指導・進路指導など，担当部署に採用当初から分かれて所属し，人事異動があっても，基本的に教員はそれぞれの専門部署に属し続けることとなる可能性が考えられる。このような組織形態に変更することによって，教師の同僚性，学校教育のビジョン共有，専門性の深化，監督責任の所在，所属するライン変更やライン選択にあたっての課題，昇任・降任人事の扱い，現在の校務分掌のあり方からの変化，校長のリーダーシップに基づく改革の実現性（トップダウン）あるいは教諭からの変革（ボトムアップ）など，さまざまな観点でメリット・デメリットが考えられるだろう。

　秋田は「教師の学びと生徒の学びの質には類似性がみられます。上から下へといつも情報が一方向の授業の多い学校では，教職員の組織もまた管理職から一方向に管理されていることが多いといえるでしょう」（秋田, 2015）と述べている。アクティブラーニングや「主体的・協働的な学び」の実践が求められる昨今，生徒の自主性・自律性の育成を図る役割が期待される教員の組織自体が，教員を監視することで他律的に管理し，教師の自律性を認めていないという矛盾はないだろうか。秋田がいうように，生徒の学びに影響する教師自身の潜在的な学びとして，職階制のありかたが問われていると捉え，「枝分かれ型」でどのようなことが起こるかを考えてほしい。

4　再検討（ワークシート）

●先の課題に対するあなた自身の「回答」をあらためてまとめよ。

〈回　　答〉

課題34 教員の採用および昇任

◎課　題

教員の採用および昇任において，「選考」が重視されている理由について，あなたの意見をまとめよ。また同時に，「選考」で起こりがちなデメリットについてもあげること。

1　検討（ワークシート）

●上の課題に対するあなた自身の「回答」をまとめよ。

〈回　答〉

●他者の意見を聞いた場合は，その「回答」をまとめよ。

【他者の回答】

〈回　答〉

〈回　答〉

〈回　答〉

〈回　答〉

2 関連資料

①教育公務員と一般公務員，私立学校教員の違い

　教育公務員である公立学校教員は地方公務員に含まれるため，基本的には地方公務員法（以下適宜，地公法と略記）が適用される。ただしその職務の責任と特殊性から，一般公務員とは異なる取り扱いが必要とされることがらについては，特例として教育公務員特例法（以下適宜，教特法と略記）が適用される。職員でないものを新たに職員に任命することを採用といい，職員を現在の職よりも上位の職に任命することを昇任というが，教育公務員の採用および昇任の方法はこの特例にあたり，一般公務員とは異なる規定が教特法に設けられている。一方，私立学校が公共性を有することは確かであるが，私立学校教員は公務員ではないため，地公法や教特法は適用されない。

　一般公務員については，「人事委員会を置く地方公共団体においては，職員の採用は，競争試験によるものとする。ただし，人事委員会規則で定める場合には，選考によることを妨げない」（地公法第17条の2，一部省略）とされ，競争試験を採用の原則としている。また，昇任では，「任命権者が職員を人事委員会規則で定める職に昇任させる場合には，当該職について昇任のための競争試験又は選考が行われなければならない」（地公法第21条の4，一部省略）とされ，競争試験ないし選考によるとされる。それに対して，教育公務員については，「公立学校の校長の採用並びに教員の採用及び昇任は，選考によるものとし，その選考は，大学附置の学校にあつては当該大学の学長が，大学附置の学校以外の公立学校（幼保連携型認定こども園を除く。）にあつてはその校長及び教員の任命権者である教育委員会の教育長が，大学附置の学校以外の公立学校（幼保連携型認定こども園に限る。）にあつてはその校長及び教員の任命権者である地方公共団体の長が行う」（教特法第11条，一部略記）とされ，採用および昇任は必ず選考によって行われ，競争試験は使用されないという点で違いがある。

　私立学校の場合，学校法人ごとに独自の採用および昇任が行われ，その方法は法的に規定されていない。採用についてみれば，大学を通じた公募や，学校関係者からの推薦や紹介，縁故採用などさまざまである。また一部の自治体（東京都，愛知県，兵庫県など）では，私立学校協会が私学教員適性検査を実施し，その評価をもとに作成された名簿が当該自治体の私立学校に配布され，採用のための資料として用いられている。

②選考について

　選考については，人事院規則8-12第21条に「選考は，選考される者が，官職に係る能力および適性を有するかどうかを，経歴，知識又は資格を有すること等を要件とする任命権者が定める基準に適合しているかどうかに基づいて判断する」という表記がみられる。その後段に，一般的もしくは専門的な知識についての筆記試験，人柄，性向などの人物試験，技術などの実地試験，過去の経歴，あるいは官職の特性に応じた身体検査，体力検査などが選考方法の例としてあげられている。

　教育公務員の採用の場合は，一般に教員採用試験と呼ばれる「公立学校教員採用候補者選考試験」が用いられるが，これは選考を行う上で，教員としての適格性を判断するための客観的資料の一つとみなされている。

　石村は，教育公務員採用が選考により行われる理由を次の三点にまとめている。

①教員の資格条件として，免許状が必要であること。

> ②競争試験では，適格性（学力，性向等）の判定が難しい。
> ③学校数及び教員数が多いので，教員の需給調整のためにも試験の方法は適当でない。
>
> （石村, 2010）

付言すれば，①については，一部免許状を有さない教員（特別非常勤講師など）もいるが，免許状によって一定の能力の実証が得られているとみなされるので，「競争試験ならば試験の成績順に採用されることになるが，受験者全員が教員免許状を有していることから，ある意味では，誰を採用してもかまわないのである」（新井, 2010）との見方もできる。とはいえ，恣意的な選考は許されないのはいうまでもない。次に②については，判定のために面接，実技試験，運動能力テスト，論文，適性検査，書類審査など複数の方法が併用されている。これは，教職には人格的要素と専門性が求められるために，資質能力の多面的な評価方法としての選考が競争試験よりも相応しいと考えられるからである。

また，昇任ではほとんどの場合，筆記試験と口述試験を組み合わせた管理職選考試験が行われる。受験資格としては，年齢や教職経験年数などの要件が必要で，たとえば東京都では，管理職育成の目的や年齢要件の異なる三種の選考区分が設けられている。

③教員採用選考方法の多様化

1986年の臨時教育審議会第2次答申の提言を受けて，その後，各都道府県・指定都市教育委員会では選考方法の多様化が推進された。さらに1996年の教育助成局長通知「教員採用等の改善について」では，「選考における評価については，知識の量の多い者や記憶力の良い者のみが合格しやすいものとならないよう配慮し，教育者としての使命感，豊かな体験に裏打ちされた指導力など受験者の資質能力を多面的に評価するよう人物評価重視の観点に立ち，その在り方を一層改善すること」とされ，選考方法の多様化という，先の臨教審答申と同じ方向性の下で，「人物評価重視」がさらに強く打ち出された。また1999年の教育職員養成審議会第3次答申「養成と採用・研修との連携の円滑化について」では，多面的な人物評価に加え，採用選考の内容・基準の公表や，教育委員会の求める教員像を明らかにするなどの改善策が提言され，2006年の中教審答申「今後の教員養成・免許制度の在り方について」でも，同一の改善策をいっそう推進することが求められた。

他方で2015年の中教審答申では，教員採用試験の共通問題作成に関する検討が提言され，現在は教育委員会ごとに作成されている採用試験を統一する可能性が提案されている。先述の1999年の教育職員養成審議会答申ではすでに，都道府県教育委員会などが共同して学力試験問題の研究開発を行う方策について検討することも必要とされ，地域間協力が提案されているが，選考手段の一部としてであっても，もしも国家的規模の統一試験問題が導入されるとなれば，採用選考のきわめて重大な方針転換となる。

3　課題の解説

教員の採用選考をめぐっては，2008年に大分県の教員採用試験で不正な点数操作が発覚し，教育委員会の幹部をはじめ複数の教育関係者が贈収賄容疑で逮捕され，世間に大きな衝撃を与えたことが知られる。同事件では採用に関わる口利き，金銭授受が常態化しているなど，以前から隠然と噂され，疑念がもたれていた教員採用選考の問題事象が明るみに出た。すでに1999年の教育職員養成審議会第3次答申で，採用選考の内容・基準の公表が盛り込まれ，選考過程

の透明性を高めることが求められてきたにもかかわらず，不正が横行していた事実は，選考制度の問題をあらためて浮き彫りにした。

高い倫理性が求められる教員そして公教育そのものへの不信感にもつながる事件を受けて，各教育委員会には初等中等教育局より「平成21年度『教員採用等の改善に係る取組事例』の送付について」が通知され，「採用試験の管理体制の整備，学力試験問題等の公表及び採用選考基準の公表に努めることなど，教員採用選考等の更なる改善」が求められた。それによって試験解答や採用選考基準の公表が進み，選考の公正さを明確化するための改善が推進されることにつながった。

「公正」な選考が求められるのは当然であるが，一方で選考の評価基準が詳細に示されることの弊害も考えられる。布村は，「各教育委員会は，多様な人材をもとめるために，多様な「選考」方法を実施するのであるが，その目的とする教員像が同じであるために，「多面的な評価によって，より精選された一つの教員像」を目指しているという矛盾が生じている」（布村, 2013）という。これは1990年当時の各都道府県の「望ましい教師の資質」が，国家行政文書に示される「教員の資質能力」と類似している点をもとにした指摘であるが，この傾向は現在も大きく変わっていない。いわば国家的な教員像の統一にもつながる問題で，これは2015年の中教審答申で検討が提言された，教員採用試験の共通問題作成が実現された場合の影響としても同様に懸念される。さらに，「詳細な評価基準」に向けた対策がなされることで，「学校現場にとって「資質能力」の高い受験生が『採用候補者名簿』に登載されるのではなく，受験技術に長じた受験者が登載される場合もあると思われる」（布村, 2013）という危惧もまた，選考の本来の意義を考えると悩ましい問題である。

4　再検討（ワークシート）

●先の課題に対するあなた自身の「回答」をあらためてまとめよ。

〈回　　答〉

課題35　教育評価

◎課　題

教育評価の方法としての相対評価，個人内評価，到達度評価の特徴について，長所，短所という観点からまとめよ。

1　検討（ワークシート）

●上の課題に対するあなた自身の「回答」をまとめよ。

〈回　答〉

●他者の意見を聞いた場合は，その「回答」をまとめよ。

【他者の回答】

〈回　答〉

〈回　答〉

〈回　答〉

〈回　答〉

2 関連資料

①認定評価から相対評価への転換

日本では戦前，児童生徒の学籍および成績は「学籍簿」に記載されていたが，その際の成績評価は，教師の主観による総合的な判断に基づいていた。このような，教師の判断を絶対の規準とする評価は「認定評価」と呼ばれるが，恣意的なものとなりがちであったことが戦後になって問題視された。そこで学籍簿に代わり1948年から作成が義務づけられた「児童等の学習および健康の状況を記録した書類の原本」(現行学校教育法施行規則第24条) である指導要録では，認定評価に代えて相対評価が導入された。相対評価は「集団に準拠した評価」と表現されるように，学級や学年といった集団全体との比較によって個人の成績を相対的に位置づける評価方法で，偏差値に代表される。相対評価では，集団の成績の平均値を頂点として，左右対称に山型を描く正規分布曲線 (図35-1参照) の配分率に基づいて各個人の評価を決定する。指導要録の評定で用いられた「5段階相対評価」では，最も山が高くなる平均値を含む段階である3が38％，その前後の4と2がそれぞれ24％，上位と下位の5と1が7％と分けられる。このようにあらかじめ比率を定めることで，「評価の基準が教師の判断の外に置かれるため，人々に客観的な印象を与え，それがある種の公平感や開放感につながっていった」(遠藤, 2014) といわれる。だがその反面，次のような難点が考えられる。

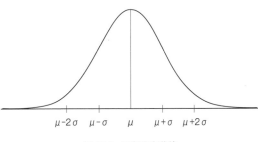

図35-1　正規分布曲線

1. たとえ目標に達していても必ず1や2の評価がつく生徒が出てしまう。
2. 4や5の成績の枠は決まっており，その座を占めるには他の学習者を引きずりおろさなければならない，排他的な競争関係が生じ，協同的な関係が生まれにくい。
3. たとえ4や5の評価であっても，あくまで集団の中での相対的な位置であって，期待される学力の獲得がなされているか否かは定かではない。

②個人内評価の併用

相対評価には以上のような批判がなされるが，1948年に成立した指導要録の評価からしてすでに相対評価一辺倒ではなかった。「学習指導上とくに必要と思われる事項」欄と，「全体についての指導の経過」欄には記述式の個人内評価が採用され，その後指導要録が改訂されてからも，「所見」欄などとして個人内評価が用いられている。

個人内評価は学習者個々人に規準を設ける評価である。これをさらに分類すると，自らの教科目ごとの成績評価などから得意不得意，長所短所を比較する横断的個人内評価と，同一の科目を時系列的に比較して学習進歩の状況などを把握する縦断的個人内評価とに大別される。指導要録の5段階相対評価に基づく成績評価では，いくら努力しても数値上の評価が変わらない生徒がどうしても出てしまうが，個人内評価である所見の記述によって，その努力を認めることで救済する役割を果たしたともいわれる。だが一方で，個人内評価の存在が相対評価のはらむ問題性を見えにくくし，結果的に相対評価とその問題を温存することにもつながった。

③到達度評価の導入

学習目標をもとに規準および基準を設けて，その到達度をはかるのが到達度評価であり，その評価方法について，宮嶋は次の3点で特徴づけられるとしている。

> ①学習目標を基準に子どもの到達度を調べるものであること
> ②基準となる学習目標の科学性とあわせて評価の客観性を絶えず高めようとするものであること
> ③何よりも学力保障の課題と結びつけようとするものであること（宮嶋, 1983）

到達度評価では，①のように学習者の到達度を調べ，また③のように学力保障を図るため，指導前の診断的評価，指導過程の形成的評価，指導後の総括的評価を行うことが求められる。このように三段階からなる教育評価は，ブルーム（Bloom, B. S.）の完全習得学習による考え方である。①については，指導前と指導中，指導後の比較から，学習者が到達目標に近づくための学びを教育活動によって適切に得られたかを確認する。また③については，形成的評価によって学習者が到達点にどれほど近づいているかを明確にして，不十分であれば教育実践の改善・修正が要求されることになる。これは，教育活動が終了した後の学力差にのみ注目する相対評価との顕著な違いである。

1971年の指導要録改訂では，「評定」欄に「5段階評価で機械的に配分することのないように」という但し書きがなされ，相対評価に対する見直しがなされた。この改訂を受けて京都府教育委員会は1975年，「到達度評価への改善を進めるために」という資料を作成し，相対評価の改善を進めるように提案をしている。これは到達度評価という名称が最初に使用された例とされており，地域単位で評価改善の取り組みが先行的に進められていたことがうかがわれる。1980年の指導要録改訂で設けられた「観点別学習状況」欄では，各教科の目標を観点ごとに定め，その達成度合いを評価する方法がとられており，到達度評価といえる。とはいえ，1980年の指導要録ではまだ「評定」欄で相対評価が残されていた。相対評価が完全に姿を消したのは2001年の指導要録改訂で，「評定」欄と「観点別学習状況」欄に目標に準拠した評価が採用された。これは到達度評価を継承し，その推進を図るものである。さらに2010年の指導要録改訂方針を示す中教審答申「児童生徒の学習評価の在り方について」では，ポートフォリオの活用や，思考・判断・表現に関する評価規準としてパフォーマンス評価が例にあげられるなど，教育評価の新たな方法も紹介されている。

3 課題の解説

教育評価というと，通信簿やテストなど，学校での生活と勉学に関する内容が思い浮かびやすいが，より広い意味で捉えるなら，カリキュラムや教師の授業実践，学校の制度といった広い対象をも含めて考えることが可能である。また，成績評価や学力との関わりから，全国学力・学習状況調査の地域や学校ごとの情報公開に関する紛糾や，PISAショックと呼ばれる2003年度PISA調査での国別比較による順位づけなどが連想されるかもしれない。しかし，佐藤は次のように述べている。「教育評価は児童生徒の学力や学校の地位をランク付けるものではない。あくまでも，その目的は，①児童生徒の学習行動を調整させるため，②教師の教授行動を調整させるため，③適切な学習集団を編成するため，④保護者や地域の期待に応え，責任を果たすため，⑤教育研究を推進するため，などにある」（佐藤, 2017）。今回の課題にあげら

れた評価方法の長所短所を考えるにあたっても，先に引用したような教育評価の目的との適合性を考察するようにしたい。

　指導要録の改訂を見ると，戦前の認定評価から相対評価全盛の時代，相対評価の問題点を繕（つくろ）いながらその矛盾を保存することにもなった個人内評価，観点別学習状況による到達度評価の導入，そして到達度評価中心の評価へ，という変遷が認められる。この進展からして，到達度評価は他の評価方法と違って短所がないかといえばそうではない。固定的に到達目標を設定することで学習の多様な価値が見逃される可能性などは，精密に分析し目標を学習者に公開しようとする到達度評価だからこそ，より危険性をはらむとも考えられる。また，「相対的位置というのが子どもの学力実態を示すひとつの指標であることには変わりなく，また今日のわが国ではそれを知りたいというのが親や子どもの一般的な要求です」（宮嶋, 1983）という指摘は，この文章が記されたころとは違って到達度評価が中心となった現在もなお，教育で相対評価が完全には不要とされない理由をいい当てている。

　ところで，教育評価の方法でよく使用される言葉に「絶対評価」がある。田中によると，この絶対評価という言葉は現在，少なくとも3通りの意味で使われているという（田中, 2008）。すなわち，評価者の絶対性を基準にする戦前型の認定評価，子どもの個性を絶対視する個人内評価，2001年の指導要録改訂で採用された目標に準拠した評価を指して絶対評価という場合（ただし2010年改訂の指導要録で「絶対評価」は不使用）の3通りである。このようにまったく違う意味で同じ語が使われる場合があるため，絶対評価という言葉を用いる際には，いずれの意味を指しているのかを明瞭にするよう注意を払いたい。

4　再検討（ワークシート）

●先の課題に対するあなた自身の「回答」をあらためてまとめよ。

〈回　答〉

課題36　教育課程の意義および編成の方法

> ◎課　題
> これからの教育課程の編成においては，どういったことに留意すべきだろうか。あなたの見解をまとめよ。

1　検討（ワークシート）

●上の課題に対するあなた自身の「回答」とその「理由」をまとめよ。

〈回　答〉

〈理　由〉

●他者の意見を聞いた場合は，その「回答およびその理由」をまとめよ。

【他者の回答およびその理由】
〈回　答〉
〈理　由〉
〈回　答〉
〈理　由〉
〈回　答〉
〈理　由〉
〈回　答〉
〈理　由〉

2 関連資料

①教育課程編成の原理

タイラー（Tyler, R. W.）は，教育課程を編成する上で教育目的を定めることが第一の課題である，という。教育目的が定まっていなければ，精密な科学的手法で教育課程を編成しても，それは目指す当てのない道路工事のようなものである。また教育者が目的に無自覚なまま，与えられた教育計画を遂行すれば，望ましくない目的へと学習者を導きかねない。それゆえ教育課程編成にあたっては，教育目的に常に留意する必要がある。

タイラーが示した教育課程編成の基本原理は「タイラーの原理」として知られ，「カリキュラム構成や教育についての専門的で信頼できる研究手法の主要なモデルとして，今なお役立っている」（アイズナー，2012）といわれる。だがその原理は簡潔で，各学校で教育課程を編成する際に必ず考えられるべき，根本的な四つの質問から成り立っている。

> ①学校はどのような教育目的を達成しようと努めるべきか？
> ②その目的を達成しようとするには，どのような教育的経験が与えられるべきか？
> ③その教育的経験はどうすれば効果的に組織できるか？
> ④この目的が達成されたのかは，どうすれば判断できるのか？（Tyler, 1949）

これらの質問は，どれも穏当で常識的にもみえるが，果たしてこれらは学校教育で本当に「当たりまえ」に考えられて，回答し実践されている質問なのだろうか。

①の教育目的についていえば，はたしてすべての教師が教育目的をはっきりと認識し，目的を志向した達成可能な教育目標をたてて教育活動に従事しているといえるだろうか。タイラーは，重要な教材や優れた授業を直観的につかんでいる教師であっても，目的や目標は明確でない場合があると指摘する。そして，教育活動の目的を明確にすべきとは主張するが，どのような目的をとるべきかを断定したり，目的・目標の項目を詳細に分類したりはしない。その理由の一つは，タイラーが示唆するのは教育課程編成の検討方法であり，「原理」に挙げられた問いに対する答えは，教育段階や各学校でそれぞれ異なるからである。もう一つの理由には，目的・目標を詳細に項目化すると，教師とすれば目標をこなすことに苦慮せざるを得なくなり，②の学習経験の選択が困難になってしまうことが挙げられる。

そして④に挙げられた目的達成の判断について，タイラーは教育評価もまたカリキュラム開発の重要な活動である，という。学習者の評価を行うことで，教育課程自体の評価が可能となり，教育課程の改善が可能になる。それゆえ教育課程編成は，目的からカリキュラム全体の評価に至るまでが一貫したプロセスである，とタイラーは主張する。

②教育課程編成の一般方針

2017年公示の中学校学習指導要領の第1章総則では，第一に「中学校教育の基本と教育課程の役割」が記され，教育課程編成の方針に関する次の文言が掲げられている。

> 各学校においては，教育基本法及び学校教育法その他の法令並びにこの章以下に示すところに従い，生徒の人間として調和のとれた育成を目指し，生徒の心身の発達の段階や特性及び学校や地域の実態を十分考慮して，適切な教育課程を編成するものとし，これらに掲げる目標を達成するよう教育を行うものとする。（文部科学省，2017a）

教育課程は学校の教育計画であるので具体的な教育課程の編成は，教育活動を中心的なはたらきとするそれぞれの学校が，児童生徒や地域の実態に即して行うのが適当である。しかし，各学校が制約なく自由に教育課程を編成できるわけではない。先の引用にみられるように，教育基本法および学校教育法その他の法令や，学習指導要領の示す基準に拠らなければならない。さらに，「地方自治法」の第180条の8および「地方教育行政の組織及び運営に関する法律」の第21条の5には，教育委員会の職務権限として教育課程に関する事務が挙げられ，各学校は都道府県および市町村教育委員会の支援を受けて教育課程を編成することが求められる。このような一定の基準に従う理由として，『中学校学習指導要領解説』（文部科学省，2017b）には，以下のように記されている。

> 　中学校は義務教育であり，また，公の性質を有する（教育基本法第6条第1項）ものであるから，全国的に一定の教育水準を確保し，全国どこにおいても同水準の教育を受けることのできる機会を国民に保障することが要請される。このため，中学校教育の目的や目標を達成するために各学校において編成，実施される教育課程について，国として一定の基準を設けて，ある限度において国全体としての統一性を保つことが必要となる。

　ここでは，中学校が義務教育であることが一定の基準を設ける理由の第一に挙げられている（小学校版も内容はほぼ同一）。一方で義務教育でない高等学校については，学習指導要領解説（文部科学省，2009）に「高等学校は義務教育ではないが，公の性質を有する（教育基本法第6条第1項）もの」と述べられ，高等学校での教育もまた公共性を有することが一定の基準を設ける理由として示されている。しかし，これらの基準性は「ある限度において」統一性を保ち，「一定の教育水準を確保」するために設けられているのであって，すべての学校でまったく同じ教育活動をするように縛りつけるものではない。むしろ，教育課程編成を考えるにあたっては，各学校が創意工夫を生かし，発展的な内容を加えた指導を充実したり，弾力的に授業時数を運用したり，地域の特質を生かした取り組みを行うなど，特色ある教育活動を進めることこそが肝要である。

3　課題の解説

　これからの教育課程編成の留意点を考える課題であるが，まずはその前提として，教育課程編成の基礎となる考え方を踏まえておきたい。教育課程編成の基礎原理であるタイラーの原理からは，「学校が教育目的を明確にすること」「教員が教育目的を志向した目標をもち，その目標の実現に向けた教育活動をおこなうこと」「教育評価によって教育目的の達成につながる教育課程であったかを検証すること」「教育目的の設定から教育評価までのすべてを教育課程編成とすること」といった着眼点が与えられる。これらは現在の教育課程編成で克服されているとはいいがたく，これからも重要な留意点といえるだろう。
　鈴木（1991）は，日本の初等・中等教育は政府主導の「学習指導要領」に準拠したカリキュラムへの依存度が高く，学校独自のカリキュラムの開発が遅れていると指摘する。この状況は今も続いているとみられるため，各学校・教員が教育目的から評価までの一貫した教育課程編成に取り組むことを要求する，タイラーの原理の再考には意義がある。一方，1998年の学習指導要領改訂で新設された「総合的な学習の時間」によって，各学校で独自のカリキュラム開発が必要となり，開発が勧められる傾向がある。とはいえ総合的な学習の時間については学校間

で推進に温度差があるだけでなく，そこでのカリキュラム開発の経験が，学校全体の教育課程編成への応用まで波及しているとはいいがたい。

　さらに近年では，教育課程の方法論と経営論とを統合する「カリキュラム・マネジメント」の推進が図られている。田中（2012）は「カリキュラム・マネジメントとは，校長・管理職のリーダーシップのもとに，学校と地域が協力してPDCAを稼働させる営みであるとともに，それを円滑に機能させるために，学校運営（教師集団を協同させる組織づくり）を行いつつ，特色ある（確かな学力を保障する）学校文化を作ること」と定義する。そして2016年の中教審答申「幼稚園，小学校，中学校，高等学校及び特別支援学校の学習指導要領等の改善及び必要な方策等について」で挙げられたカリキュラム・マネジメントの三つの側面を要約すると，①学校目標を踏まえた教科等横断的な視点，②PDCAサイクル（教育課程の編成，実施，評価，改善）の確立，③地域資源を含めた人的・物的資源の効果的活用，となる。これらをみると，学校目標（教育目的）の措定，目的から評価および改善までの一貫性など，タイラーの原理との共通性がうかがえ，むしろ今まで実現されていなかった「原理」の実行を促すものとも考えられる。

　ところでタイラーの原理に対しては，「教育目標は教育活動の中で浮かび上がってくるもの」（クリバード，1997）である，という批判もある。この点は，カリキュラム・マネジメントでも留意する必要があるだろう。だがお仕着せの教育目的・目標に従うのではなく，主体的に教育目的を考察して常に教育課程の改善を考えている学校や教師にあっては，新たな教育目標を教育活動の中で見出し，採り入れるのは困難ではない。反対にカリキュラム・マネジメントが「政府主導のカリキュラム」にすぎず，教師が学校の用意した教育目的に依存するなら，教育活動を通じた教育目標の生成は難しいだろう。

4　再検討（ワークシート）

● 先の課題に対するあなた自身の「回答」とその「理由」をあらためてまとめよ。

〈回答〉

〈理由〉

◉付録（適宜，このページをコピーして使用してください）

◎検討（ワークシート）

　◉上の課題に対するあなた自身の「回答」／「理由」などをまとめよ。

〈回答／理由など〉

●他者の意見を聞いた場合は，その「回答」／「理由」などをまとめよ。

【他者の回答／理由】

〈回答／理由など〉

〈回答／理由など〉

〈回答／理由など〉

〈回答／理由など〉

◎再検討（ワークシート）

●先の課題に対するあなた自身の「回答」／「理由」などをあらためてまとめよ。

〈回答／理由など〉

●引用・参考文献

【はじめに】
カント，I．／加藤泰史［訳］（2001）．教育学　カント全集第17巻「論理学・教育学」　岩波書店
ビースタ，G．／藤井啓之・玉木博章［訳］（2016）．よい教育とは何か―倫理・政治・民主主義　白澤社

【課題1　教員に必要な資質能力】
①引用文献
教育職員養成審議会（1999）．養成と採用・研修との連携の円滑化について（第3次答申）（平成11年12月10日）
中央教育審議会（2005）．新しい時代の義務教育を創造する（答申）（平成17年10月26日）
中央教育審議会（2015）．これからの学校教育を担う教員の資質能力の向上について（答申）（平成27年12月21日）
②参考文献
カント，I．／篠田英雄［訳］（1974）．啓蒙とは何か　岩波書店
「教職とは？」編集委員会［編］（2012）．教職とは？―エピソードからみえる教師・学校　教育出版
山本正身（2014）．日本教育史―教育の「今」を歴史から考える　慶応義塾大学出版会

【課題2　教員の研修】
◎引用文献
梶田正巳（1986）．授業を支える学習指導論―PLATT　金子書房

【課題3　教員の服務】
◎引用文献／ウェブサイト
地方公務員法〈http://law.e-gov.go.jp/htmldata/S25/S25HO261.html（2017年6月11日）〉

【課題4　保護者への対応】
◎引用文献
忽那仁美（2010）．保護者に対する支援　石川正一郎・藤井　泰［編］　エッセンス学校教育相談心理学　北大路書房　pp.163–174．

【課題5　地域との連携による生涯学習】
①引用文献／ウェブサイト
浅井経子（2014）．課題解決型学習の進め方　社会通信教育協会［編］　地域におけるネットワーキングと課題解決型学習の技法テキスト　一般財団法人社会通信教育協会
厚生労働省（2017）．第22回生命表（完全生命表）の概況〈http://www.mhlw.go.jp/toukei/saikin/hw/life/22th/dl/22th_11.pdf（2017年12月14日）〉
中央教育審議会（1981）．生涯教育について（答申）（昭和56年6月11日）
内閣府NPOホームページ　特定非営利活動法人の認定数の推移
パットナム，R．D．／河田潤一［訳］（2001）．哲学する民主主義―伝統と改革の市民的構造　NTT出版
②参考文献
赤尾勝己（2012）．新しい生涯学習概論―後期近代に生きる私たちの学び　ミネルヴァ書房
香川正弘・鈴木眞理・佐々木英和［編］（2008）．よくわかる生涯学習　ミネルヴァ書房
高橋　誠（1999）．問題解決手法の知識　第2版　日本経済新聞社
安田　雪（2004）．人脈づくりの科学―「人と人との関係」に隠された力を探る　日本経済新聞社
ラングラン，P．／波多野完治［訳］（1979）．生涯教育入門　第二部　財団法人全日本社会教育連合会

【課題6　学校安全への対応】
①引用文献
家田哲夫（1991）．起こるべくして起こる学校火災　牧　昌見・木暮和夫・家田哲夫［編］　学校の危機管理　ぎょうせい
文部科学省（2010）．「生きる力」をはぐくむ学校での安全教育

文部科学省（2011）．生徒指導提要　教育図書
渡邉正樹（2006）．学校安全・危機管理の概要　渡邉正樹［編］　学校安全と危機管理　大修館書店　pp.2-21.
Bollnow, O. F. (1965). *Die pädagogische Atmosphäre*. Quelle & Meyer.（森　昭・岡田渥美［訳］（2006）．教育を支えるもの　黎明書房）
②参考文献／ウェブサイト
朝日新聞データベース開蔵Ⅱビジュアル〈https://database.asahi.com（2017年8月12日）〉
解説教育六法編修委員会［編］（2017）．解説教育六法　三省堂
文部科学省ホームページ〈http://www.mext.go.jp（2017年8月8日）〉

【課題7　情報管理に関する対応】
◎参考文献
角替　晃・成田喜一郎［編］（2005）．必携！　教師のための個人情報保護実践マニュアル―まず，おさえる編／学校行事編／実務編／資料編　教育出版
渡邉正樹［編］（2014）．学校危機対策・頻発36事案―緊急確認！―学校の安全・安心を脅かす重大危機への備えは万全か！？　教育開発研究所

【課題8　生徒個人の心身の問題への対応】
◎引用文献
杉田郁代（2016）．生徒指導における学級経営および地域・課程との連携　広岡義之［編著］　はじめて学ぶ生徒指導・進路指導―理論と実践　ミネルヴァ書房　pp.91-101.
文部科学省（2010）．生徒指導提要　教育図書

【課題9　生徒指導における教員の言語表現】
◎引用文献
国立教育政策研究所生徒指導研究センター（2008）．規範意識をはぐくむ生徒指導体制―小学校・中学校・高等学校の実践事例22から学ぶ　東洋館出版社
西口利文（2007）．問題対処の教師行動　学文社
西口利文（2014）．問題場面で教師が用いうる言語表現に対する子どもの要望度　学校カウンセリング研究, *14*, 27-38.
文部科学省（2010）．生徒指導提要　教育図書
Nadler, D. A., Shaw, R. B., & Walton, A. E. (1995). *Discontinuous change: Leading organizational transformation*. San Francisco, CA: Jossey Bass.（齋藤彰悟［監訳］／平野和子［訳］（1997）．不連続の組織変革―ゼロベースから競争優位を創造するノウハウ　ダイヤモンド社）

【課題10　いじめについての対応】
◎引用文献／ウェブサイト
石川正一郎（2010）．いじめと教育相談　石川正一郎・藤井　泰［編］エッセンス学校教育相談心理学　北大路書房
森田洋司（2015）．いじめとは何か―教室の問題，社会の問題　中央公論新社
文部科学省（2006）．いじめの問題への取組の徹底について（通知）〈http://www.mext.go.jp/a_menu/shotou/seitoshidou/06102402/001.htm（2017年6月8日）〉
文部科学省（2010）．生徒指導提要　教育図書
文部科学省（2015）．平成27年度　児童生徒の問題行動等生徒指導上の諸問題に関する調査（確定値）〈http://www.mext.go.jp/b_menu/houdou/29/02/1382696.htm（2017年6月8日）〉

【課題11　特別の支援を必要とする生徒に対する教育】
◎引用文献
文部科学省（2012a）．通常の学級に在籍する発達障害の可能性のある特別な教育的支援を必要とする児童生徒に関する調査結果について（平成24年12月5日）
文部科学省（2012b）．共生社会の形成に向けたインクルーシブ教育システム構築のための特別支援教育の推進（報告）

【課題12　進路指導の理論および方法】
◎引用文献
国立教育政策研究所生徒指導研究センター（2002）．児童生徒の職業観・勤労観を育む教育の推進について（調査研究報告書）（平成 14 年 11 月）
中央教育審議会（1999）．初等中等教育と高等教育との接続の改善について（答申）（平成 11 年 12 月 16 日）
中央教育審議会（2011）．今後の学校におけるキャリア教育・職業教育の在り方について（答申）（平成 23 年 1 月 31 日）
文部科学省（2004）．キャリア教育の推進に関する総合的調査研究協力者会議　報告書―児童生徒一人一人の勤労観，職業観を育てるために（平成 16 年 1 月 28 日）
文部科学省国立教育政策研究所生徒指導・進路指導研究センター（2016）．変わる！キャリア教育―小・中・高等学校までの一貫した推進のために　ミネルヴァ書房
Super, D. E.（1980）．A life-span, life-space approach to career development. *Journal of Vocational Behavior, 16*, 282–298.

【課題13　人権教育に基づく学級経営】
①引用文献／ウェブサイト
中野陸夫（2003）．早わかり人権教育小事典　明治図書出版
文部科学省人権教育の指導方法等に関する調査研究会議（2008）．人権教育の指導方法等の在り方について（第三次とりまとめ）〈http://www.mext.go.jp/b_menu/shingi/chousa/shotou/024/report/08041404.html（2017 年 6 月 21 日）〉
②参考文献／ウェブサイト
大阪府人権教育研究議会（2006）．集団中で，子どもとつながる・子どもがつながる教材・実践集　大阪府人権教育研究協議会
教職問題研究会（2009）．教職論―教職を志すすべてのひとへ　第 2 版　ミネルヴァ書房
法務省（2000）．人権教育及び人権啓発の推進に関する法律〈http://law.e-gov.go.jp/htmldata/H12/H12HO147.html（2017 年 6 月 21 日）〉
法務省（2002）．人権教育・啓発に関する基本計画〈http://www.moj.go.jp/content/000073061.pdf（2017 年 6 月 21 日）〉
法務省（2016）．部落差別の解消の推進に関する法律〈http://www.moj.go.jp/content/001211040.pdf（2017 年 6 月 21 日）〉
中野陸夫・池田　寛・中尾健次・森　実（2000）．同和教育への招待―人権教育をひらく　解放出版社

【課題14　国語科教育法】
①引用文献
文部科学省（2010）．高等学校学習指導要領解説 国語編（平成 22 年 6 月）　教育出版
文部科学省（2015）．高等学校学習指導要領（平成 21 年 3 月）　東山書房
②参考文献
奥村恆哉［校注］（1978）．古今和歌集（新潮日本古典集成）　新潮社
小沢正夫［校注］（1971）．古今和歌集（日本古典文学全集）　小学館
小島憲之・新井栄蔵［校注］（1989）．古今和歌集（新日本古典文学大系）　岩波書店
佐伯梅友［校注］（1958）．古今和歌集（日本古典文学大系）　岩波書店
佐伯梅友［校注］（1981）．古今和歌集　岩波書店

【課題15　数学科教育法】
◎引用文献
文部科学省（2015）．中学校学習指導要領（平成 20 年 3 月）　東山書房
文部科学省（2016）．中学校学習指導要領解説 数学編（平成 20 年 9 月）　教育出版

【課題16　英語科教育法】
①引用文献
文部科学省（2017）．中学校学習指導要領（平成 29 年 3 月告示）
②参考文献
笹島準一他（2017）．*New Horizon English Course 3*　東京書籍

【課題 17　理科教育法】
◎引用文献
文部科学省（2015）．中学校学習指導要領（平成 20 年 3 月）　東山書房

【課題 18　社会科（地理的分野）教育法】
①引用文献
文部科学省（2015）．中学校学習指導要領（平成 20 年 3 月）　東山書房
②参考文献
文部科学省（2014）．中学校学習指導要領解説 社会編（平成 20 年 9 月）　日本文教出版

【課題 19　社会科（公民的分野）教育法】
①引用文献
文部科学省（2015）．中学校学習指導要領（平成 20 年 3 月）　東山書房
②参考文献
文部科学省（2014）．中学校学習指導要領解説 社会編（平成 20 年 9 月）　日本文教出版

【課題 20　公民科（倫理）教育法】
①引用文献
文部科学省（2009）．高等学校学習指導要領（平成 21 年 3 月）　東山書房
文部科学省（2010）．高等学校学習指導要領解説 公民編（平成 22 年 6 月）　教育出版
②参考文献
菅野覚明他［監修］（2017）．高等学校 新倫理 新訂版　清水書院
浜島書店編集部［編著］（2017）．最新図説倫理　浜島書店
佛教史学会［編］（2017）．仏教史研究ハンドブック　法藏館

【課題 21　公民科（政治・経済）教育法】
①引用文献
文部科学省（2009）．高等学校学習指導要領（平成 21 年 3 月）　東山書房
②参考文献
金森久雄・香西　泰・加藤裕己［編］（2010）．日本経済読本 第 18 版　東洋経済新報社
国立教育政策研究所教育課程研究センター（2012）．評価基準の作成，評価方法等の工夫改善のための参考資料 高等学校公民　教育出版
中野博幸（2012）．図解外国為替のしくみ超入門―円高・円安がわかれば経済がわかる！　フォレスト出版
ニュース解説室へようこそ!編集委員会［編著］（2017）．ニュース解説室へようこそ！　清水書院
文部科学省（2010）．高等学校学習指導要領解説 公民編（平成 22 年 6 月）　教育出版
矢野恒太記念会［編］（2017）．日本国勢図会 2017/18 版　矢野恒太記念会
山崎広明他（2014）．詳説政治・経済（文部科学省検定済教科書）　山川出版社

【課題 22　美術科教育法】
①引用文献
文部科学省（2008）．中学校学習指導要領（平成 20 年 3 月）　東山書房
②参考文献
文部科学省（2008）．中学校学習指導要領解説 美術編（平成 20 年 9 月）　日本文教出版

【課題 23　工業科教育法】
◎引用文献
文部科学省（2009）．高等学校学習指導要領（平成 21 年 3 月）　東山書房
文部科学省（2010）．高等学校学習指導要領解説 工業編（平成 22 年 5 月）　実教出版

【課題 24　商業科教育法】
◎引用文献
文部科学省（2015a）．高等学校学習指導要領（平成 21 年 3 月）　東山書房
文部科学省（2015b）．高等学校学習指導要領解説 商業編（平成 22 年 5 月）　実教出版

【課題 25　情報科教育法】
◎引用文献
文部科学省（2009）．高等学校学習指導要領（平成 21 年 3 月）　東山書房

【課題 26　保健体育科（体育実技）教育法】
①引用文献
文部科学省（2014）．中学校学習指導要領解説 保健体育編（平成 20 年 9 月）　東山書房
②参考文献
国立教育政策研究所（2012）．評価規準の作成，評価方法等の工夫改善のための参考資料（中学校 保健体育）

【課題 27　保健体育科（保健分野）教育法】
◎引用文献
文部科学省（2008a）．中学校学習指導要領（平成 20 年 3 月）　東山書房
文部科学省（2008b）．中学校学習指導要領解説 保健体育編（平成 20 年 9 月）　東山書房

【課題 28　道徳教育の理論および指導法】
①引用文献
文部科学省（2017）．中学校学習指導要領（平成 29 年 3 月告示）
②参考文献
荒木紀幸（1988）．道徳教育はこうすればおもしろい―コールバーグ理論とその実践　北大路書房
井藤　元［編］（2016）．ワークで学ぶ道徳教育　ナカニシヤ出版
小田和也（2004）．翼をください．『モグラ』に焦点をあてて　道徳教育 2004 年 5 月号　明治図書出版　pp.63–65.
小寺正一・藤永芳純（2016）．四訂 道徳教育を学ぶ人のために　世界思想社
佐藤康邦・溝口宏平（1998）．モラル・アポリア―道徳的のディレンマ　ナカニシヤ出版
諸永清冶（2004）．互いが本音で語り合い，価値へと迫る授業を求めて　道徳教育 2004 年 5 月号　明治図書出版 pp.69–71.
文部科学省（2015）．中学校学習指導要領（平成 20 年 3 月，平成 27 年 3 月一部改正）　東山書房

【課題 29　総合的な学習の時間の指導法】
①引用文献
佐藤博志（2014）．「ゆとり教育」の正体　佐藤博志・岡本智周　「ゆとり批判」はどうつくられたのか―世代論を解きほぐす　太郎次郎社エディタス　pp.124–164.
志水宏吉（2002）．「効果のある学校」とは　苅谷剛彦・志水宏吉・清水睦美・諸田裕子　調査報告「学力低下」の実態　岩波書店　pp.58–66.
本田由紀（2005）．多元化する「能力」と日本社会―ハイパー・メリトクラシー化のなかで　NTT 出版
文部科学省（2008）．中学校学習指導要領解説　総合的な学習の時間編（平成 20 年 9 月）
山口健二（2011）．地域社会と連携した学校教育のあり方　山口健二・高瀬　淳［編］　教職論ハンドブック　ミネルヴァ書房　pp.105–107.
②参考ウェブサイト
文部科学省ホームページ〈http://www.mext.go.jp/（2017 年 7 月 15 日）〉

【課題 30　特別活動の指導法】
①引用文献
佐々木正昭［編］（2014）．入門　特別活動　理論と実践で学ぶ学級・ホームルーム担任の仕事　学事出版
中央教育審議会（2016）．幼稚園，小学校，中学校，高等学校及び特別支援学校の学習指導要領等の改善及び必要な方

策等について（答申）
文部科学省（2017）．中学校学習指導要領（平成29年3月告示）
②参考文献
兵庫県教育文化研究所（2016）．2016「トライやる・ウィーク」実態調査 報告書　兵庫県教育文化研究所

【課題31　ICT（情報通信技術）機器の活用】
◎引用文献
西口利文（2012）．情報モラル教育としての生徒指導　市川千秋［監修］八並光俊・宇田　光・山口豊一［編］　臨床生徒指導 応用編　ナカニシヤ出版　pp.67-74．
舟出日出男（2012）．情報活用能力＝情報リテラシー　舟出日出男［編］教師のための情報リテラシー──知識基盤社会を生き抜く力を育てるために　ナカニシヤ出版　pp.9-13．
文部科学省（2016）．平成27年度文部科学白書

【課題32　学校の社会的・制度的特徴】
◎引用文献
安彦忠彦・児島邦宏・藤井千春・田中博之［編著］（2012）．よくわかる教育学原論　ミネルヴァ書房
解説教育六法編修委員会［編］（2017）．解説教育六法　三省堂
佐藤晴雄（2017）．現代教育概論 第四次改訂版　学陽書房
新堀通也［編］（1976）．現代教育の争点　日本経済新聞社
藤田英典（2007）．誰のための「教育再生」か　岩波書店
藤田英典（2005）．義務教育を問いなおす　筑摩書房
文部省［編］（1972）．学制百年史　文部科学省
文部科学省（2008）．中学校学習指導要領解説　総則編（平成20年9月）　ぎょうせい

【課題33　学校経営】
①引用文献／ウェブサイト
秋田喜代美（2015）．同僚とともに学校を創る　秋田喜代美・佐藤　学［編］　新しい時代の教職入門 改訂版　有斐閣　pp.134-152．
酒井　朗（2012）．組織としての学校　酒井　朗・多賀　太・中村高康［編］　よくわかる教育社会学　ミネルヴァ書房　pp.132-133．
主任制度に関する検討委員会（2002）．学校運営組織における新たな職「主幹」の設置に向けて──最終報告　東京都教育庁人事部勤労課〈http://www.kyoiku.metro.tokyo.jp/buka/jinji/0124hon.pdf#search=%27%E6%9D%B1%E4%BA%AC%E9%83%BD+%E4%B8%BB%E5%B9%B9%E5%88%B6%27〈2017年7月9日）〉
名越清家（1986）．教師の職場　麻生　誠・小林文人・松本良夫［編］学校の社会学──現代学校を総点検する　学文社　pp.123-140．
文部科学省（2007）．教育三法の改正について　文部科学省
②参考文献
窪田眞二・小川友次（2017）．教育法規便覧 平成29年度　学陽書房
榊原禎宏（2008）．学校組織構造のメタファー　京都教育大学紀要，*113*, 101-114．
細谷俊夫・奥田真丈・河野重男［編集代表］（1978）．教育学大事典　第一法規出版

【課題34　教員の採用および昇任】
①引用文献
新井保幸（2010）．教師教育の制度（2）──採用と研修　新井保幸・江口勇治［編］　教職論　培風館　pp.99-113．
石村卓也（2010）．教職論 改訂版──これから求められる教員の資質能力　昭和堂
布村育子（2013）．教員採用システムの史的動向に関する考察　埼玉学園大学紀要 人間学部篇，*13*, 107-120．
②参考文献／ウェブサイト
解説教育六法編修委員会［編］（2017）．解説教育六法　三省堂
北神正行（2002）．教師教育の制度──教員養成と教員採用　小島弘道・北神正行・平井喜美代　教師の条件──授業と学校をつくる力　学文社　pp.65-92．
窪田眞二・小川友次（2017）．教育法規便覧 平成29年度　学陽書房
塩見剛一（2008）．教員の養成・採用・研修　広岡義之［編］　新しい教職概論・教育原理　関西学院大学出版会　pp.81-139．

細谷俊夫・奥田真丈・河野重男 ［編集代表］ (1978). 教育学大事典　第一法規出版
文部科学省ホームページ 〈http://www.mext.go.jp （2017 年 7 月 22 日）〉

【課題 35　教育評価】
①引用文献
遠藤貴広 (2014). 教育評価　田中智志・橋本美保 ［監修］　教育方法論　一藝社　pp.122-133.
佐藤晴雄 (2017). 現代教育概論 第四次改訂版　学陽書房
田中耕治 (2008). 教育評価　岩波書店
宮嶋邦明 (1983). 教育評価とは何か　中内敏夫・三井大相 ［編］　これからの教育評価　有斐閣　pp.42-76.
②参考文献／ウェブサイト
高浦勝義 (2011). 教育評価の意義　加藤幸次 ［編］　教育課程編成論 第 2 版　玉川大学出版　pp.154-177.
文部科学省ホームページ 〈http://www.mext.go.jp （2017 年 8 月 2 日）〉

【課題 36　教育課程の意義および編成の方法】
①引用文献
アイズナー，E. W. ／高柳充利 ［訳］ (2012). ラルフ・ウィニフレット・タイラー　パーマー，J. A ［編］　教育思想の 50 人　青土社
クリバード，H. M. ／加藤幸次 ［訳］ (1997). いわゆる "タイラー理論" なるものを再考する　高浦勝義 ［編］　総合学習の理論　黎明書房
鈴木敦省 (1991). ラルフ・タイラーの原理 (The Tyler Rationale) 批判　学習院大学文学部研究年報，*38*，199-237.
田中耕治 (2012). カリキュラム・マネジメント　田中耕治 ［編］　よくわかる教育課程　ミネルヴァ書房　pp.6-7.
文部科学省 (2009). 高等学校学習指導要領解説 総則編　東山書房
文部科学省 (2017a). 中学校学習指導要領 （平成 29 年 3 月告示）
文部科学省 (2017b). 中学校学習指導要領解説 総則編 （平成 29 年 7 月）
Tyler, R. W. (1949). *Basic principles of curriculum and instruction*　The University of Chicago Press. （金子孫市 ［訳］ (1978). 現代カリキュラム研究の基礎　日本教育経営協会）
②参考文献／ウェブサイト
塩見剛一 (2016). 教育の目的と教育課程の編成　広岡義之 ［編］　はじめて学ぶ教育課程　ミネルヴァ書房　pp.18-34.
文部科学省ホームページ 〈http://www.mext.go.jp （2017 年 8 月 4 日）〉

事項索引

あ行
ICT（情報通信技術）　*129*
アセスメント　*48*
安全管理　*25*
安全教育　*25*
安定期　*39*

生きる力　*3*
インターンシップ　*52*

か行
カウンセリング・マインド　*18*
画一性　*135*
確立期　*39*
学校重層構造論　*140*
学校単層構造論　*140*
観察法　*36*

危機管理マニュアル　*29*
技術的熟達者　*8*
基礎的・汎用的能力　*51*
キャリア　*51*
キャリア発達　*51*
共感的理解　*35*
共生社会　*47*

クライシス・マネジメント　*29*

経験主義　*4*
系統主義　*4*
研修を受ける義務　*7*
研修を受ける権利　*7*

効果のある学校　*122*
個人の指導理論　*8*
5段階相対評価　*147*

さ行
指導要録　*147*
社会関係資本（ソーシャル・キャピタル）　*22*

集団づくり　*56*
生涯学習審議会　*21*
生涯教育　*21*
職場見学　*52*
職場体験　*52*
職務上の義務　*11*
人権感覚　*55*
人権に関する知的理解　*55*

絶対評価　*149*

た行
タイラーの原理　*151, 152*
単線型学校体系　*136*

チーム学校　*18, 29, 49*

トライやる・ウィーク　*125*

な行
なべぶた型　*139*

二次障害　*48*

は行
ハイパー・メリトクラシー　*122*
反省的実践家　*8*

平等主義　*135*
ピラミッド型　*139*

不安定期　*39*
分岐型学校体系　*136*

ま行
身分上の義務　*11*

モンスターペアレント　*17*

ら行
リカレント教育　*22*
リスク・マネジメント　*29*

人名索引

あ行
アイズナー, E. W.　151
秋田喜代美　141
浅井経子　23
安彦忠彦　135
新井保幸　144

家田哲夫　27
石川正一郎　44
石村卓也　143, 144

遠藤貴広　147

か行
梶田正巳　8
カント, I.　i, 5

クリバード, H. M.　153
忽那仁美　17, 18

さ行
酒井　朗　139
佐々木正昭　127
佐藤晴雄　135, 148
佐藤博志　122

志水宏吉　122
新堀通也　136

スーパー（Super, D. E.）　51
杉田郁代　36
鈴木敦省　152

た行
タイラー（Tyler, R. W.）　151
田中耕治　149, 153

な行
中野陸夫　56
名越清家　140
ナドラー（Nadler, D. A.）　39

西口利文　39, 40, 131

布村育子　145

ノール, H.　i

は行
パットナム（Putnam, R. D.）　22

ビースタ, G.　i

藤田英典　135, 137
舟出日出男　130
ブルーム（Bloom, B. S.）　148

ボルノウ（Bollnow, O. F.）　26
本田由紀　122

ま行
宮嶋邦明　148, 149

森　有礼　4
森田洋司　43

や行
山口健二　122

ら行
ラングラン（Lengrand, P.）　21

わ行
渡邉正樹　26

■執筆者一覧（*は編者）

谷田信一*
所属：大阪産業大学・教授
担当：はじめに，課題1，課題28

西口利文*
所属：大阪産業大学・教授
担当：課題2，課題7，課題9，課題11，課題12，課題31

定金浩一*
所属：大阪産業大学・准教授
担当：課題3，課題4，課題8，課題10，課題15

塩見剛一*
所属：大阪産業大学・准教授
担当：課題6，課題29，課題32，課題33，課題34，課題35，課題36

畑井克彦
所属：大阪産業大学・非常勤講師，阪神・智頭NPOセンター・代表理事
担当：課題5

冨田　稔
所属：天理大学・非常勤講師，大阪産業大学・非常勤講師
担当：課題13

但馬貴則
所属：大阪産業大学・非常勤講師
担当：課題14

藤岡克則
所属：大阪産業大学・教授
担当：課題16

遠藤友樹
所属：大阪産業大学・准教授
担当：課題17

戸田靖久
所属：大阪産業大学・非常勤講師
担当：課題18，課題19

関口靖之
所属：奈良大学・非常勤講師
担当：課題20

谷澤有弘
所属：園田学園女子大学・入試広報部担当部長，前 兵庫県立伊川谷北高等学校・校長
担当：課題21

福島美和
所属：神戸芸術工科大学・特任教授
担当：課題22

上條藤夫
所属：大阪産業大学・非常勤講師
担当：課題23

木口誠一
所属：大阪産業大学・非常勤講師
担当：課題24

難波宏司
所属：園田学園女子大学・准教授
担当：課題25

松田光弘
所属：大阪産業大学・准教授
担当：課題26

谷本英彰
所属：大阪産業大学・講師
担当：課題27

藤原靖浩
所属：大阪市立大学・特任講師
担当：課題30

本書を授業で活用される教員の方へのご案内

　教職課程の授業で使用される教員を対象とした，別冊『大学の教職課程の授業担当者のための手引き』を，PDFファイルで用意しています。手引きには，90分授業の中で活用する場合の例や，各課題に掲載しているワークシートの回答例を掲載しています。

　もし，必要とされる方は，下のe-mailのアドレスに，御所属と御氏名をお知らせの上，ご連絡をいただければ幸いです。

teach-all@cnt.osaka-sandai.ac.jp
（大阪産業大学 教職教育センター）

教職のための課題探究によるアクティブラーニング

2018年2月28日	初版第1刷発行

　　　　編　者　谷田信一
　　　　　　　　西口利文
　　　　　　　　定金浩一
　　　　　　　　塩見剛一
　　　　発行者　中西　良
　　　　発行所　株式会社ナカニシヤ出版
　　　　〒606-8161　京都市左京区一乗寺木ノ本町15番地
　　　　　　　　　　　Telephone　075-723-0111
　　　　　　　　　　　Facsimile　075-723-0095
　　　　　　　Website　http://www.nakanishiya.co.jp/
　　　　　　　Email　iihon-ippai@nakanishiya.co.jp
　　　　　　　　　　　郵便振替　01030-0-13128

印刷・製本＝創栄図書印刷／装幀＝白沢　正
Copyright © 2018 by S. Tanida, T. Nishiguchi, K. Sadakane, & K. Shiomi
Printed in Japan.
ISBN978-4-7795-1245-2

本書のコピー，スキャン，デジタル化等の無断複製は著作権法上の例外を除き禁じられています。本書を代行業者等の第三者に依頼してスキャンやデジタル化することはたとえ個人や家庭内での利用であっても著作権法上認められていません。